무료
영상편집
SW활용

무료 SW로 끝내는
영상편집과
자동 자막생성

유채곤 지음

돈 안 들이고
영상 편집
완성하기

초보자도
쉽게 하는
영상편집

한 권으로
끝내는 영상
편집 가이드

비용 걱정
없이 자막까지
자동 완성

머리말

현대는 많은 자료가 동영상으로 통하는 시대입니다. 자료를 검색할 때도 동영상 자료를 먼저 찾아볼 정도로 많은 정보가 동영상 형태로 유통되고 있습니다. 사람들은 정보의 이용을 넘어 동영상을 직접 제작하여 SNS 등에 활용하기도 합니다. 학교에서도 원격강의나 멀티미디어 강의에 동영상이 활발하게 사용되고 있습니다.

한편 동영상 자료의 활용도가 높아지고 있기는 하지만 아직도 동영상 편집에 어려움을 느끼는 경우가 많습니다. 다양한 동영상 편집 소프트웨어가 있지만 비용과 난이도 문제를 만나기도 합니다. 특히 동영상에 필요한 자막 작업도 쉽지만은 않습니다.

본서에서는 역사가 오래된 무료 공개 소프트웨어인 Kdenlive를 사용하여 쉽고 효과적으로 동영상을 편집하는 방법을 알아볼 것입니다. 또한 약간의 추가적인 소프트웨어를 사용하여 동영상 내의 음성을 자동으로 인식하여 자막을 자동으로 생성하는 방법도 알아볼 것입니다. 본서에서 설명하는 소프트웨어는 macOS나 리눅스에서도 사용은 가능하지만, 본서에서는 윈도우 운영체제(윈도우 10, 11)를 기준으로 설명됩니다. 또한 SW 전체에 대한 복잡한 기능 설명보다는 핵심 기능을 이해할 수 있는 예시를 기반으로 설명이 진행됩니다.

참고로 본서에서 사용되는 Kdenlive 및 기타 추가 소프트웨어는 2025년 8월에 다운로드 받은 버전(Kdenlive-25.08.0)을 기준으로 하므로, 향후에는 기능이나 메뉴에 변화가 있을 수 있다는 점도 밝힙니다.

   본서의 내용이 동영상을 자유롭게 편집하여 다양한 분야에 활용하고자 하는 독자에게 많은 도움이 되기를 희망합니다.

2025년 10월
저자 유 채 곤

목차

머리말 _9

1
Kdenlive 설치하기

Kdenlive는 어떤 프로그램일까?	11
Kdenlive는 왜 좋은가?	11
어떤 사람들에게 유용할까?	11
Kdenlive 설치 방법	12
Kdenlive 실행 및 언어 옵션	16
메뉴 구성 화면 변경에 대해 알아둘 점	17

2
동영상 기초 편집

동영상 불러오기/잘라내기	23
동영상 앞에 제목 넣기	27
동영상에 배경음악 추가하기	31
비디오 및 오디오 트랙 추가하기	35
프로젝트 저장 및 불러오기	36

3
다수의 동영상 편집

두 개의 동영상 합치기	39
비디오 화면 크기를 조절하여 두 개의 동영상을 겹치기	41

4 비디오, 오디오 효과 추가

오디오 음량 조정하기	47
오디오 음량 페이드아웃	49
원 동영상의 오디오를 새로운 오디오로 대치하기	51
비디오 장면 전환 효과	55
비디오 장면 전환 효과 변경해 보기	58
비디오 크로마키 효과	59
크로마키 처리된 영상의 위치 및 크기 조절하기	63

5 음성 인식 자막 추출

관련 소프트웨어 설치 순서	67
Python(파이썬) 설치 방법	68
ffmpeg 설치 방법	70
whisper 설치 방법	76
whisper로 동영상에서 자막 추출하기	79

6 자동 자막 넣기

자동으로 자막 넣기	86
여러 화면 자막 처리하기	91

7 외국어 자막 넣기

자막 번역하기	103
외국어 자막 넣기	106
컴퓨터에 익숙한 독자를 위한 추가 사항	109

8 음악 포토 앨범 만들기

여러 장의 이미지를 불러와서 연결하기	113
장면 전환 효과 사용하기	118
다양한 장면 전환 효과 알아보기	121

9 로고 표시를 위한 이미지 타이틀 클립

로고 이미지 준비하기	135
동영상에 로고 이미지 삽입하기	139
타이틀 클립 수정하기	142

10 영화와 같은 효과 연출

Apply LUT 효과 (색상 테이블 적용 변환)	147
Color Correct 효과 (색상 보정)	151
Curves 효과(밝기 곡선 조정)	155
Greyscale 효과(흑백 영상으로 변환)	160
Film Grain 효과(필름 입자 효과)	160
오디오 믹서	163

본서에서 실습의 예시를 위해 사용하는 동영상, 오디오, 이미지 등의 파일은 본서에 포함되지 않습니다. 독자 여러분은 본서의 예시 파일을 참고하여 자신의 파일로 본서의 내용을 적용해 보시기 바랍니다.

본서에서는 영상편집 및 자막처리와 관련된 SW 사용 예시를 설명하며, 이의 사용에 따른 추가적인 보증은 하지 않습니다. 본서에서 언급되는 SW 명, 상표, 웹사이트의 명칭 등은 설명을 위한 목적으로만 사용되며 각 해당 소유주의 자산입니다.

1

Kdenlive 설치하기

Kdenlive 설치하기 1

Kdenlive는 공개 소프트웨어로서 무료로 사용할 수 있고 다양한 영상편집 기능을 제공한다. 2002년에 개발이 시작된 Kdenlive는 꾸준히 업데이트되어 오고 있으며 다음과 같은 특징을 가지고 있다.

Kdenlive는 어떤 프로그램일까?
- 누구나 자유롭게 다운로드해서 무료로 사용할 수 있다.
- 인터페이스가 간단해 초보자도 적응이 빠르다.
- 단순히 자르기나 붙이기뿐 아니라, 자막 넣기, 장면 전환 효과, 색 보정, 속도 조절, 오디오 비디오 효과 등 다양하고 강력한 동영상 편집 기능을 제공한다.

Kdenlive는 왜 좋은가?
- 여러 영상과 소리를 동시에 편집할 수 있어서, 뮤직비디오처럼 화면과 소리를 믹싱하는 작업도 가능하다.
- MP4, AVI, MOV 등은 물론 그밖에 다양한 비디오와 오디오 형식을 편집할 수 있다.
- 프로그램 안에서 바로 자막을 만들고 위치를 조정할 수 있다.

어떤 사람들에게 유용할까?
- SNS 등에 동영상을 올리거나 개인 소장용 동영상 편집을 원하는 사람
- 강의나 발표 동영상을 만들어야 하는 학생, 교사, 교수 등
- 동영상 편집 웹사이트에 동영상을 업로드하는 방식이 아닌 자신의 컴퓨터 내에서 모든 편집을 처리하기 원하는 사람

Kdenlive 설치 방법

Kdenlive 소프트웨어는 https://www.kdenlive.org 웹사이트를 방문하여 무료로 다운로드할 수 있다. [그림 1]은 Kdenlive 공식 웹사이트의 모습이다. 소프트웨어를 다운로드할 때는 공식 웹사이트를 방문하는 것이 안전하다. 공식 웹사이트가 아닌 곳에 업로드되어 있는 파일의 경우에는 누군가가 수정하여 바이러스 등이 추가되어 있을 가능성도 있기 때문이다.

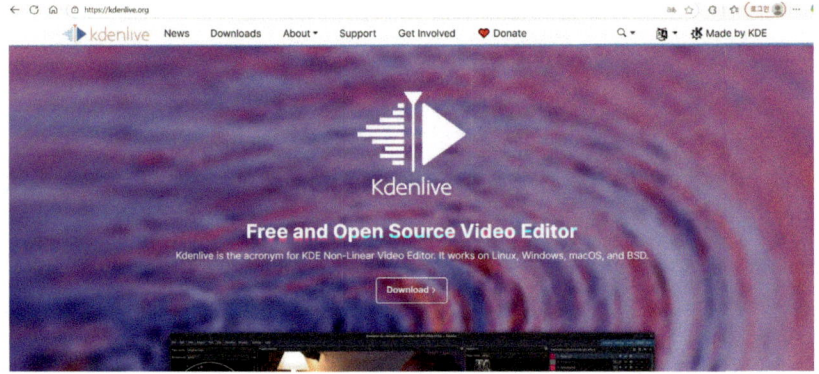

[그림 1] Kdenlive 공식 웹사이트

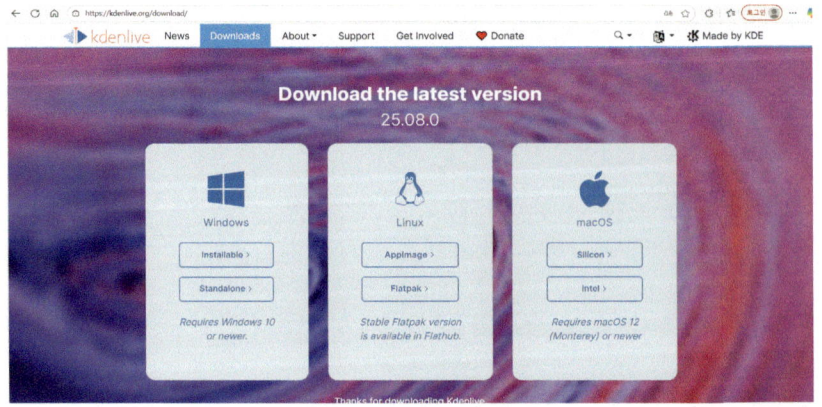

[그림 2] 다운로드 페이지

[그림 1] 상단의 Downloads를 누르면 [그림 2]의 화면이 나타나며 윈도우, 리눅스, macOS 등과 같은 운영체제 별로 Kdenlive를 다운로드할 수 있다. 자신의 컴퓨터의 운영체제에 맞는 형태를 다운로드하면 된다. 본서에서는 윈도우 운영체제를 기준으로 할 것이므로 윈도우 칸에서 Installable 버튼을 눌러서 설치 파일을 다운로드한다. Kdenlive 설치 파일의 다운로드가 완료되면 설치 파일을 실행하여 설치를 시작한다.

[그림 3]은 다운로드한 설치 파일을 실행했을 때 나타나는 설치 초기화면이다. 이 화면에서는 Next 버튼을 누른다.

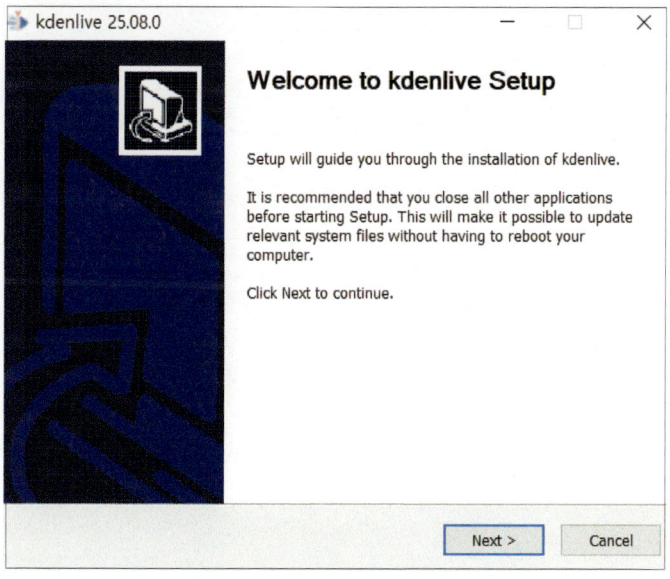

[그림 3] 설치 초기 화면

[그림 4]의 화면에서는 컴퓨터의 모든 사용자가 사용할 수 있도록 첫 번째 옵션이 선택되어 있다. 이대로 진행하도록 한다. 필요할 경우 자신만 사용하도록 두 번째 옵션을 선택할 수도 있다. Next 버튼을 눌러서 다음으로 진행한다.

그다음 화면인 [그림 5]에서 역시 별다른 특이 사항이 없다면 기본적으로 나타나는 폴더를 설치 폴더로 사용한다는 의미로 Next 버튼을 누른다.

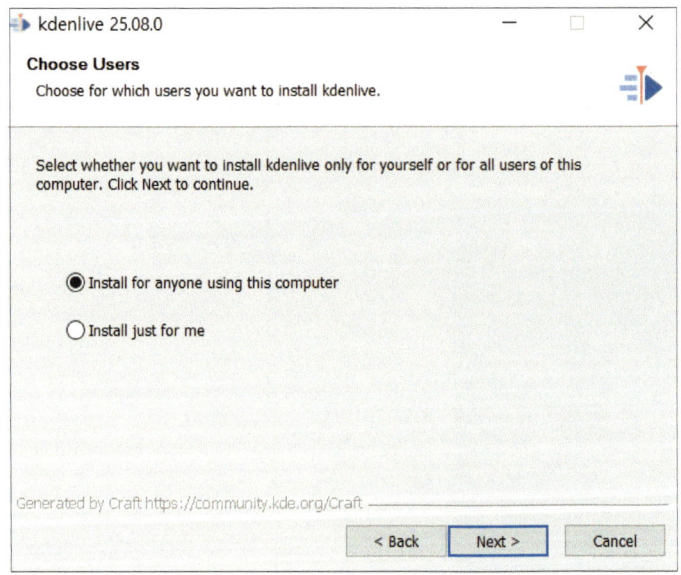

[그림 4] 사용자 선택 화면

CHAPTER 01　Kdenlive 설치하기 • 15

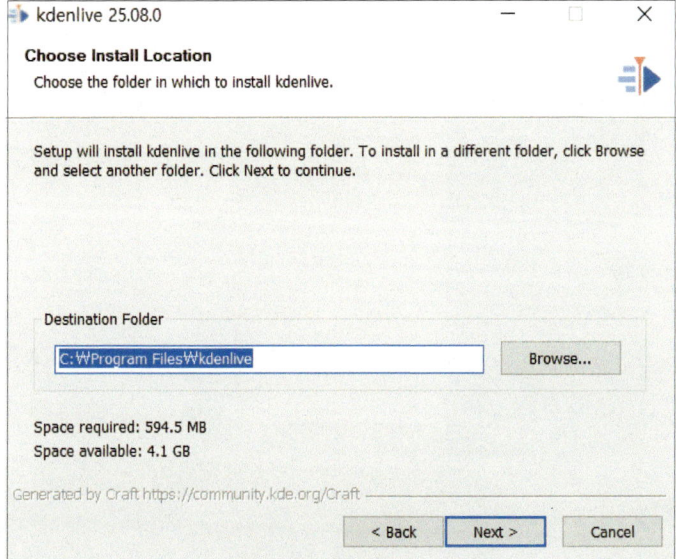

[그림 5] 설치 위치 선택 화면

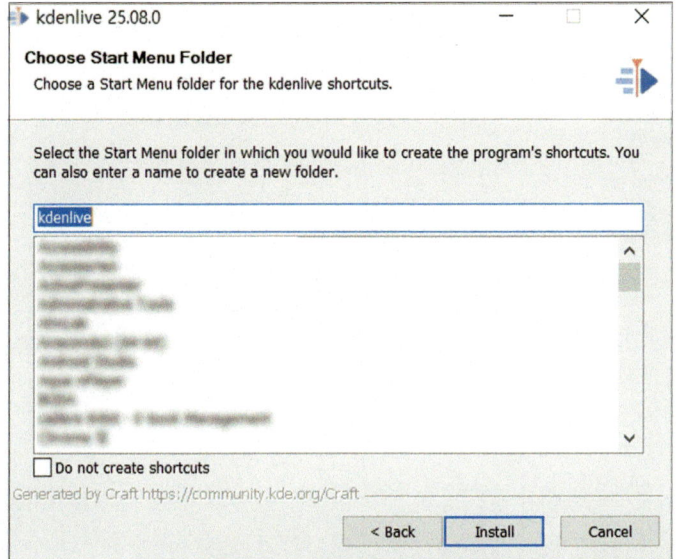

[그림 6] 시작 메뉴 폴더 선택 화면

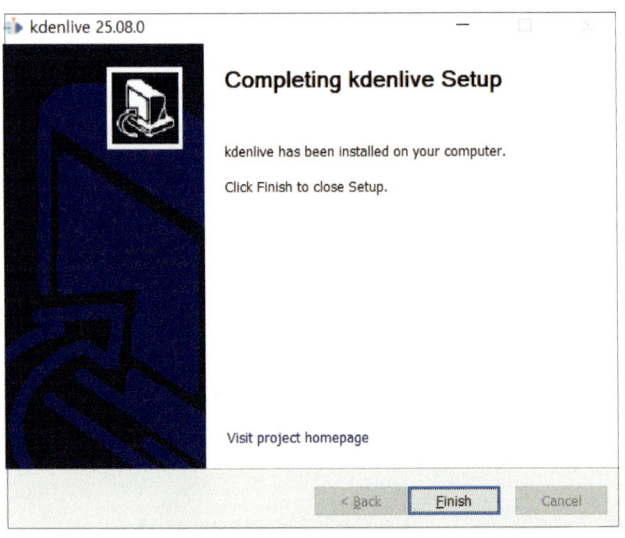

[그림 7] 설치 완료 화면

다음으로 [그림 6]의 화면에서는 시작 메뉴 폴더를 선택할 수 있는데, 이 부분 역시 주어진 기본 사항을 사용하는 것으로 하고 Install 버튼을 누르면 설치가 시작된다. 설치가 완료되면 [그림 7]의 화면이 나타나며, 하단의 Finish 버튼을 누른다.

Kdenlive 실행 및 언어 옵션

시작 메뉴에서 Kdenlive를 선택하여 실행하면 [그림 8]과 같은 실행 화면이 나타난다. 일반적인 동영상 편집용 소프트웨어와 유사한 모습을 볼 수 있다. 이 화면에서는 메뉴가 영어로 표시되어 있다. 메뉴에 사용되는 언어를 한글로 변경하기 위해서는 Settings 아래의 Configure Language 메뉴를 선택하여 한글로 변경하여 사용할 수도 있다. 하지만 사용 언어를 한글로 설정하더라도 여전히 많은 기능이 영어로 나타나며, 향후 버전에서 표시되는 한글 메뉴의 명칭이 동일하지 않을 수도 있다. 따라서 본서에서는 영어 메뉴 상태를 그대로 사용하여 설명을 진행할 것이다.

본서에서는 동영상 편집 예시를 사용하여 Kdenlive 사용 방법을 알아볼 것이다. 그러므로 [그림 8]에 나타난 여러 작업 영역 명칭이나 메뉴 전체를 모두 암기한 후 진행할 필요는 없다. 다음 장부터는 동영상 편집 예시를 통하여 Kdenlive의 핵심 기능 위주의 설명이 진행된다.

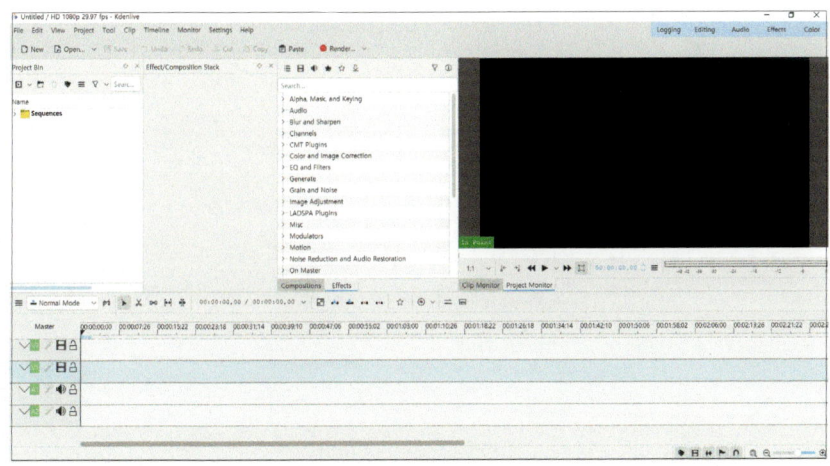

[그림 8] Kdenlive 실행 화면

메뉴 구성 화면 변경에 대해 알아둘 점

본서는 2025년 8월에 다운로드한 버전(Kdenlive-25.08.0)을 기준으로 한다. Kdenlive는 지속적으로 개발되며 꾸준히 업데이트되고 있다. 그러므로 향후 메뉴 구성이 변경될 수도 있다. 또한 사용자의 화면 해상도에 따라서 메뉴 배치가 동적으로 변경될 수도 있다.

만약 향후 화면의 메뉴 구성이 본서의 그림과 다른 경우 본서에서 설명하는 메뉴의 내용을 기준으로 변경된 메뉴의 해당 위치를 찾아 Kdenlive의 기능을 이용하면 될 것이다.

또 하나의 방법으로는 [그림 2]의 다운로드 페이지에서 하단으로 이동하면 "Previous Versions"라는 항목에서 본서의 버전과 동일한 Kdenlive를 다운로드해서 사용하는 방법도 가능하다.

Kdenlive의 언어가 한글로 설치된 경우에 대한 조치
(본서에서는 향후 버전과의 명칭 호환을 위해 영어 버전을 사용함)
Settings 아래 Configure Language 메뉴 선택 후 다음과 같이 설정한다.

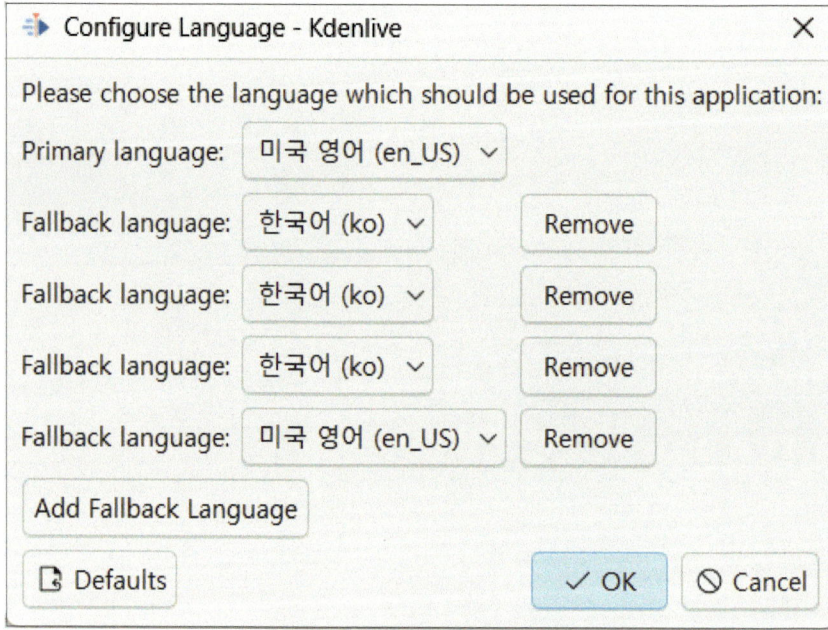

[그림 8]의 화면 색과 달리 어두운 컬러 테마로 실행된 경우의 조치
(실행에 지장은 없지만 본서의 설명 화면 컬러로 통일하도록 함)
Settings 아래의 Color Scheme에서 Breeze 고전을 선택한다.

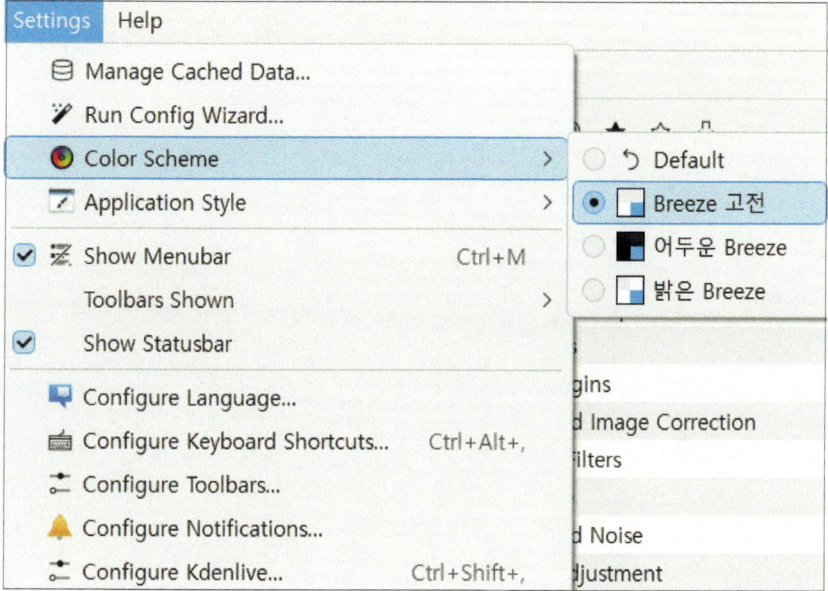

[그림 8]의 화면 구성 창이 안 보이거나 다른 형태의 배치로 나타나는 경우

View 아래의 체크 사항을 아래와 동일하게 설정하면 체크된 창만 화면에 나타난다. 그래도 화면에 나타난 창의 위치가 다를 경우 마우스로 끌어서 최대한 [그림 8]과 유사하게 맞추면 된다. (창의 위치가 약간 차이가 나도 기능은 동일하다.)

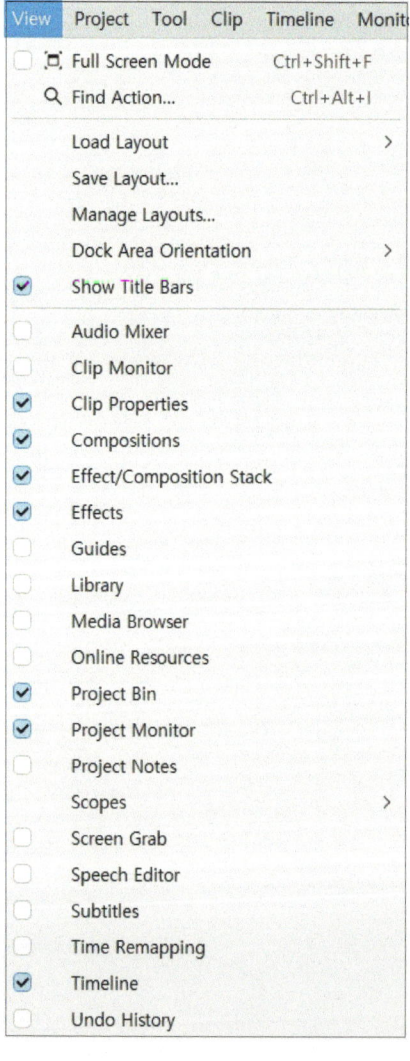

2

동영상 기초 편집

동영상 기초 편집

2

동영상 불러오기/잘라내기

스마트폰이나 카메라로 동영상을 촬영했을 때 가장 일반적으로 사용되는 동영상 편집은 원하지 않는 부분을 잘라내고 원하는 부분만을 저장하는 기능일 것이다. 윈도우 파일 탐색기에서 편집하고자 하는 동영상 파일을 [그림 9]의 1번 영역(Project Bin)으로 끌어오면 동영상 불러오기가 완료된다. 이때 [그림 9]의 2번 영역의 메시지와 같이 불러온 동영상의 해상도로 변경하겠냐는 질문 창이 뜰 경우 Switch 버튼을 눌러서 응답하면 불러온 동영상의 해상도로 설정된다.

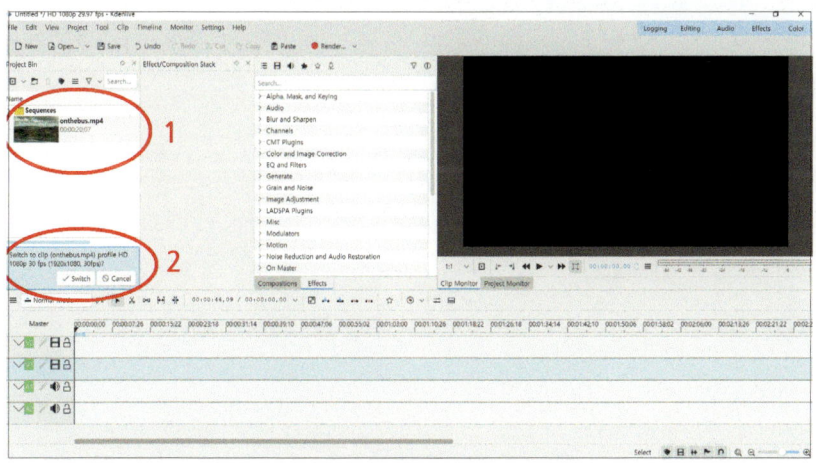

[그림 9] 동영상 불러오기

동영상을 편집하기 위해서는 하단의 타임라인 트랙으로 이동시켜야 한다. [그림 10]과 같이 불러온 동영상을 하단의 트랙 창으로 끌어오면, 동영상의 비디오와 오디오가 트랙에 나타난다. 트랙 상단의 타임라인에는 동영상의 진행 시간이 표시된다. Ctrl 키를 누른 상태에서 마우스의 휠을 회전시키면 타임라인의 시간 영역을 확대하거나 축소하여 볼 수 있다. 타임라인에서 재생을 원하는 시간의 위치를 마우스로 클릭한 후 우측상단의 Project Monitor 창 아래에 있는 재생 버튼을 누르면 해당 시간의 동영상 부분을 재생해 볼 수 있다.

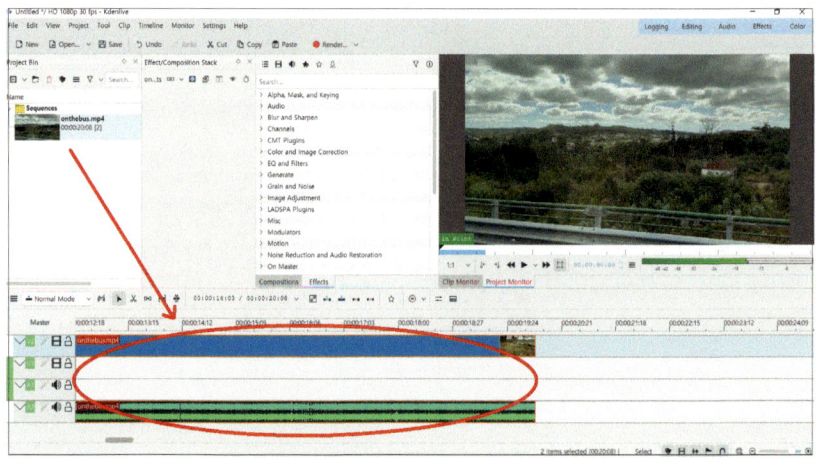

[그림 10] 동영상을 트랙으로 옮기기

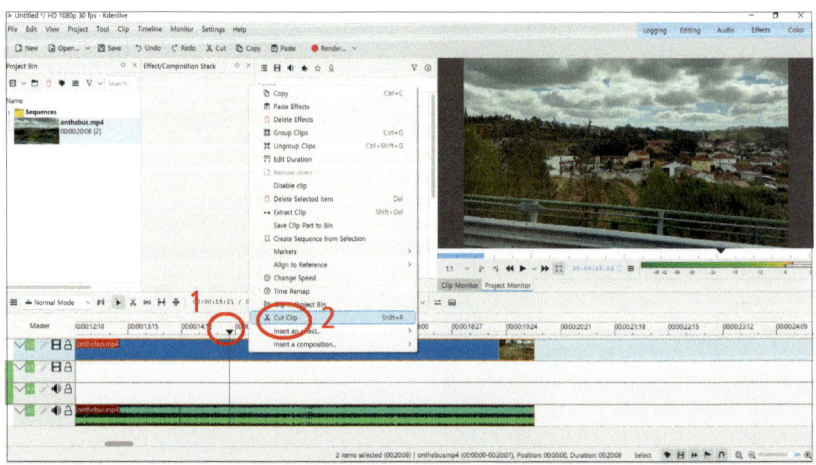

[그림 11] 잘라낼 부분 표시하기

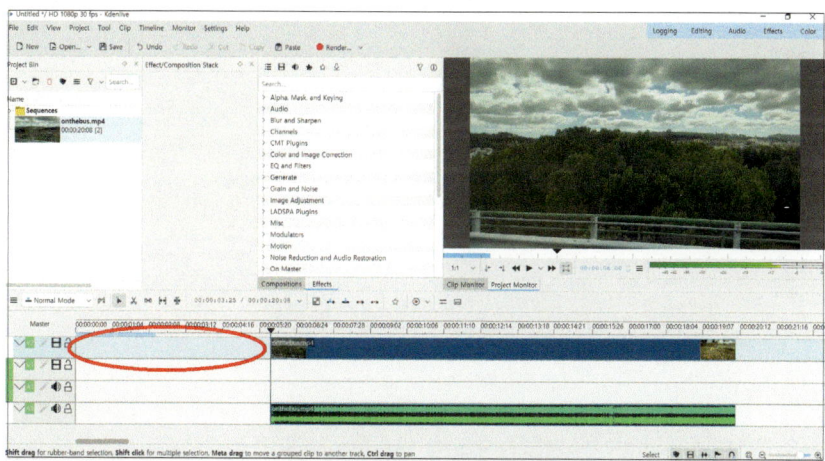

[그림 12] 클립 선택 후 삭제하기

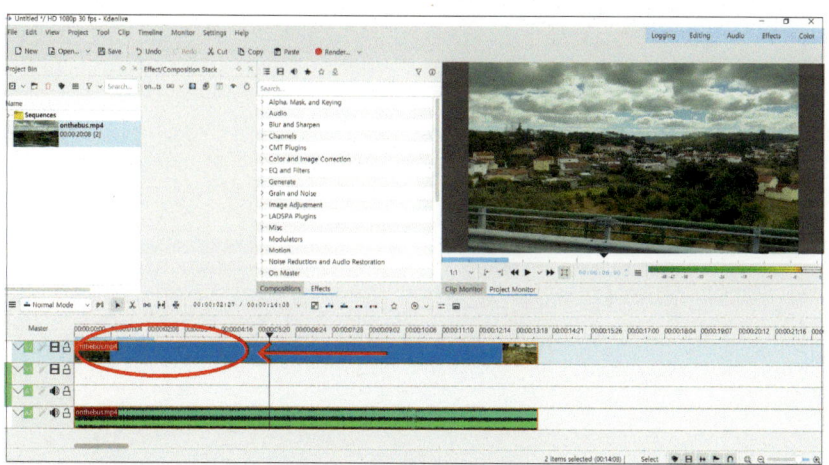

[그림 13] 클립 이동시키기

[그림 11]의 1번 영역과 같이 타임라인에서 잘라내고자 하는 시간 부분을 마우스로 클릭하면 해당 부분에 세로선이 그어진다. 다음으로 그 아래 비디오 트랙 부분에서 마우스 우측 버튼을 누르면 2번 영역같이 세부 메뉴가 보이며, 여기에서 Cut Clip을 선택하면 경계선에서 비디오와 그 비디오의 오디오 클

립이 나누어진다. 본 예에서는 앞쪽 부분 클립을 삭제한다고 가정한다. 앞쪽 클립을 마우스로 선택 후 키보드의 Del 키를 누르면 [그림 12]의 타원 영역과 같이 선택된 클립이 삭제된다.

앞부분의 클립이 삭제된 상태에서는 트랙의 해당 영역이 공백으로 나타난다. [그림 13]과 같이 뒷부분 비디오 클립을 마우스로 끌어서 원하는 위치로 이동시키면 공백 부분을 채울 수 있다. 지금까지 동영상을 불러오고, 잘라낼 영역을 선택하고, 필요 없는 부분을 삭제하고, 원하는 위치로 비디오 클립을 이동시키는 기능을 살펴보았다.

위 방법을 사용하여 클립의 여러 위치를 자른 후 중간에 있는 여러 부분을 삭제할 수도 있다. 중간 위치의 클립을 삭제한 후에는 뒤에 있는 클립을 끌어와 빈 부분에 붙이면 된다. 이는 위의 과정과 동일하므로 예시는 생략한다.

지금까지 편집한 결과를 동영상 파일로 내보낼 차례이다. 키보드의 Ctrl 키를 누른 상태에서 Enter 키를 누르면 [그림 14]와 같이 Rendering 창이 나타난다. 다양한 종류의 동영상 포맷을 선택할 수도 있고, 오디오만 내보낼 수도 있다. 본 예에서는 [그림 14]의 1번 영역과 같이 일반적인 MP4 동영상 포맷인 MP4-H264/AAC를 선택하였다. 2번 영역에는 내보낼 새로운 동영상 파일의 이름을 입력한다. 마지막으로 3번 영역의 Render to File 버튼을 클릭하면 해당 동영상이 주어진 이름으로 랜더링된다. 랜더링된 동영상 파일을 확인해 본다.

본 절에서는 Kdenlive를 사용하기 위한 가장 기초적인 동영상 편집 작업을 실습해 보았다. 향후의 설명에서는 불러오기, 타임라인으로 옮기기, 클립 잘라내기, 랜더링하기와 같은 기초작업은 화면 예시 없이 간단히 설명으로 대체하게 될 것이므로 본 절에서 설명된 기본 사항은 꼭 기억해 두도록 한다.

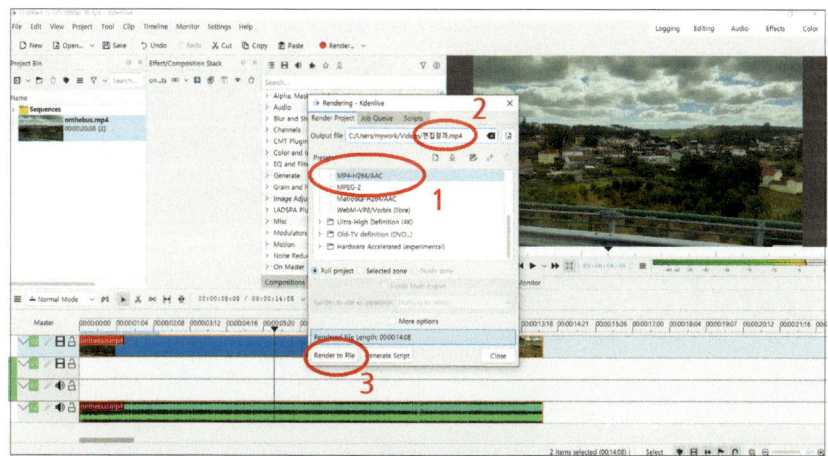

[그림 14] 편집된 동영상 내보내기

동영상 앞에 제목 넣기

동영상의 시작 부분에 제목을 넣는 방법을 알아본다. 앞 절에서 진행하던 상태에 이어 비디오의 시작 부분에 "My Travel Story"라는 제목을 넣어보도록 할 것이다. 이 과정을 통해 비디오 트랙의 개념을 조금 더 자세하게 이해할 수 있다.

[그림 15]의 영역과 같이 Project 아래의 Add Title Clip 메뉴를 선택하면 [그림 16]과 같은 Title Clip 창이 나타난다. [그림 16]의 붉은색 타원 영역과 같이 오른쪽 화살 괄호 모양을 누르면 텍스트, 사각형, 타원, 이미지 등을 이용하여 타이틀 화면을 만들 수 있다. 본 예에서는 텍스트를 선택하고 텍스트를 입력하여 동영상의 제목을 넣어볼 것이다.

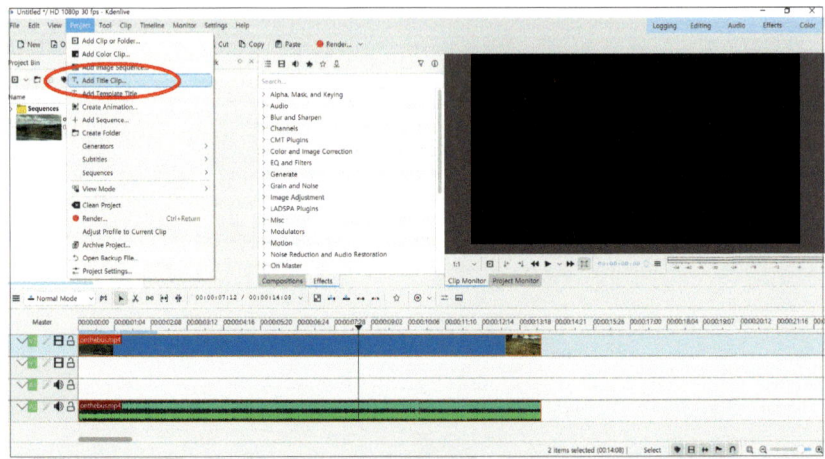

[그림 15] 타이틀 클립 추가 메뉴

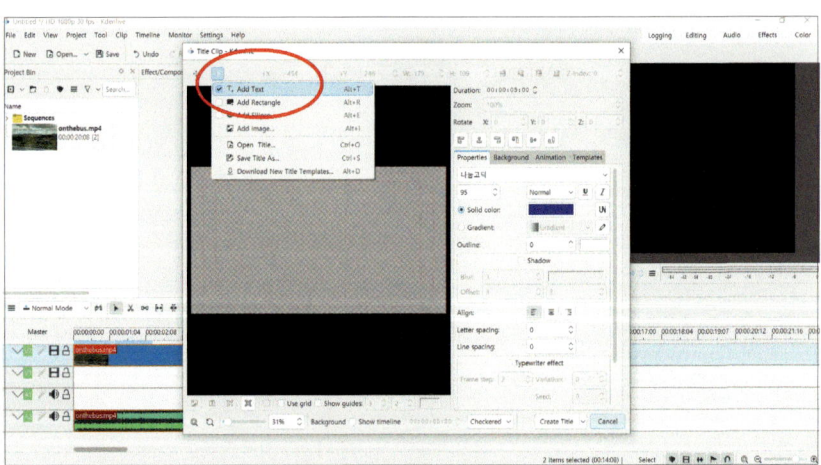

[그림 16] Add Text 메뉴 선택

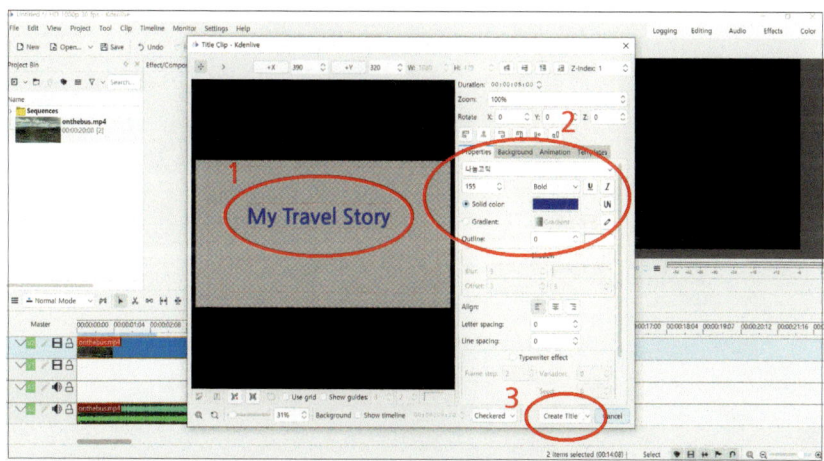

[그림 17] 텍스트 타이틀 입력하기

[그림 17]의 1번 영역과 같이 원하는 위치에 마우스를 클릭한 후 키보드로 타이핑하여 텍스트를 입력할 수 있다. 입력 후 텍스트를 끌어서 원하는 위치로 이동시킬 수도 있다. 입력한 텍스트를 선택한 상태에서 2번 영역과 같이 텍스트의 글꼴, 크기, 볼드체 등의 효과를 조절할 수 있다. 텍스트 입력 완료 후 3번 영역의 Create Title 버튼을 누른다.

[그림 18]의 1번 영역을 보면 위에서 생성한 텍스트 타이틀 클립이 추가된 것을 볼 수 있다. 이 타이틀 클립을 클릭하면 2번 영역과 같이 타이틀 클립의 내용이 나타난다. 참고로 입력한 텍스트 이외의 검정색 부분은 투명한 부분을 의미한다.

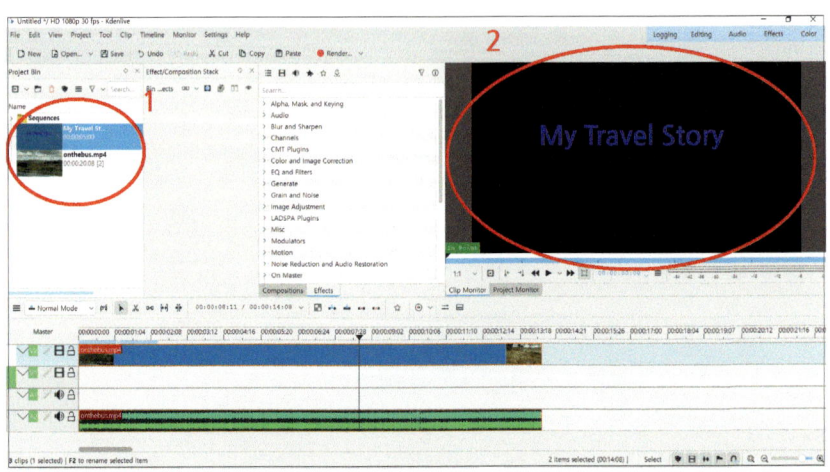

[그림 18] 타이틀 클립이 추가된 화면

　이제 추가된 타이틀 클립을, 하단 타임라인의 트랙으로 이동해 보자. 여기에서 중요한 점은 타임라인에서는 위쪽 트랙의 비디오 클립이 아래쪽 트랙의 비디오 클립보다 우선하여 보인다는 점이다. 따라서 먼저 [그림 19]의 1번 화살표와 같이 기존에 있던 비디오 클립을 끌어서 아래쪽 트랙으로 내린다. 이때 옮겨지는 비디오 클립의 오디오 클립도 함께 자동으로 안쪽 트랙으로 이동되는 것을 볼 수 있다.

　다음으로 2번 화살표와 같이 프로젝트 창에서 My Travel Story 타이틀 클립을 타임라인으로 끌어서 첫 번째 트랙에 위치시킨다. 그리고 트랙에서 타이틀 클립의 우측 가장자리를 마우스로 끌어서 타이틀 클립이 비디오에 나타날 시간 길이를 적절하게 조절한다. 타이틀 클립이 추가된 영역 위쪽의 타임라인을 클릭하면 3번 영역과 같이 비디오 위에 텍스트 클립이 추가된 미리보기를 볼 수 있다. 이 상태에서 이전의 절에서 설명된 대로 Ctrl 키와 Enter 키를 눌러서 내보내기(Rendering)를 실행하면 타이틀 클립이 추가된 비디오가 만들어진다.

CHAPTER 02 동영상 기초 편집 • 31

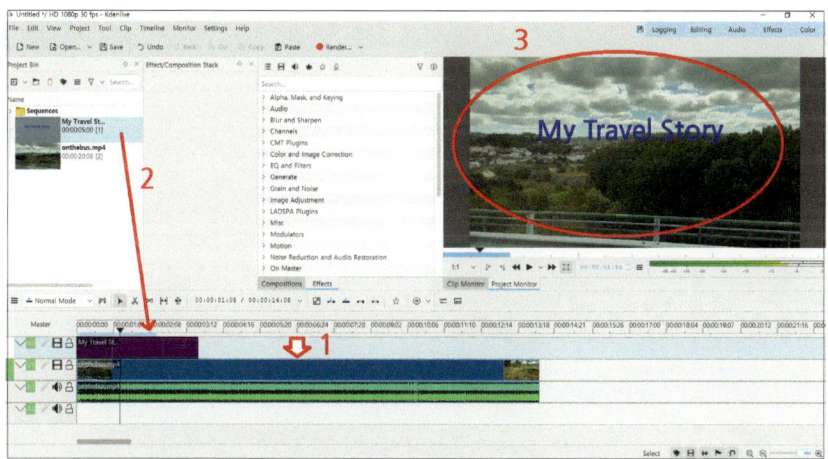

[그림 19] 타이틀 클립을 트랙으로 이동하기

동영상에 배경음악 추가하기

지금까지의 설명을 통해서 동영상이나 타이틀 클립 등은 Project Bin 창에 불러온 후 하단에 있는 타임라인의 트랙으로 이동해야 한다는 것을 알았다. 편집에 사용되는 비디오나 오디오 파일이 많아져 타임라인의 트랙 수가 부족해지면 어떻게 해야 할까? 이 경우에는 타임라인에 트랙을 새로 추가하면 되는데, 추가 방법은 뒤에서 설명된다. 한편 현재까지 작업에 사용된 타임라인을 보면 오디오 트랙이 하나 비어 있는 것을 볼 수 있다. 그러므로 새로운 트랙을 추가하지 않고 이 트랙에 배경음악으로 사용할 오디오 파일을 올려서 사용해 보자.

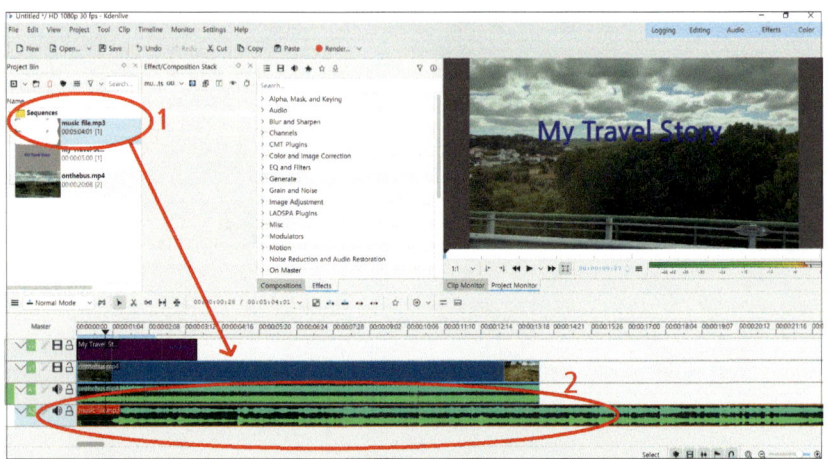

[그림 20] 음악 파일을 불러온 후 타임라인으로 옮기기

본 예에서는 music file.mp3라는 이름의 오디오 파일을 [그림 20]의 1번 영역에 끌어와서 불러온 후, 다시 마우스로 끌어서 2번 영역의 타임라인의 오디오 트랙에 위치시켰다. 트랙 좌측에 필름 모양의 아이콘이 있으면 비디오 트랙이고, 트랙 좌측에 스피커 모양이 있으면 오디오 트랙이다. [그림 20]에서 오디오 파일을 추가한 아래 트랙의 좌측에는 스피커 모양이 있는 것을 볼 수 있다.

트랙에 위치시킨 배경음악용 오디오 파일의 파형을 보면 두 가지 문제가 있는 것을 볼 수 있다. 첫 번째는 오디오 클립 좌측에 소리가 없는 공백 영역이 있고, 두 번째는 오디오 파일이 비디오 파일에 비해 훨씬 더 길다는 점이다. 이를 해결하기 위해서는 오디오 트랙의 빈 공백 부분을 잘라서 삭제한 후 오디오 트랙을 앞으로 끌어올 것이다. 클립을 자르는 방법과 이동시키는 방법은 이전의 절에서 설명한 바와 같다.

[그림 21]의 1번 영역과 같이 자르고자 하는 타임라인 시간 영역을 마우스로 클릭한 후, 오디오 트랙을 마우스 우측 버튼으로 클릭하고 Cut Clip 메뉴

를 클릭하면 오디오 클립이 두 클립으로 나누어진다. 앞부분의 필요 없는 클립을 마우스로 선택한 후 키보드의 Del 키를 누르면 삭제된다. 다음으로 마우스로 오디오 클립을 처음 부분으로 끌어와서 앞부분에 공백이 없도록 한다.

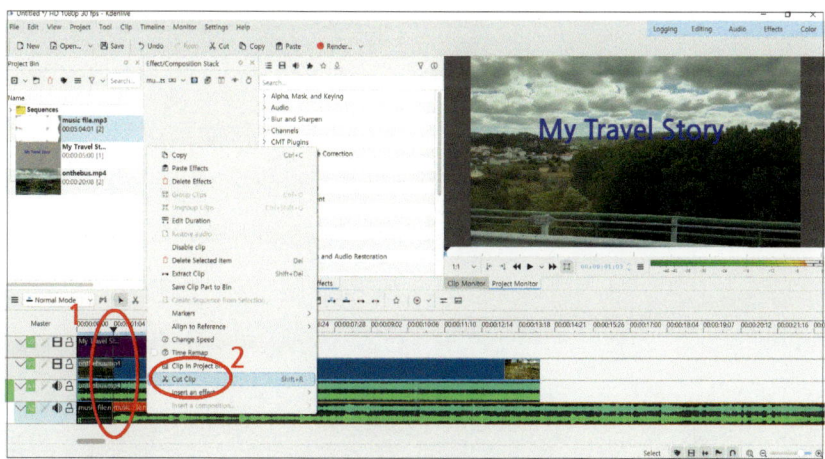

[그림 21] 오디오 트랙 자르기

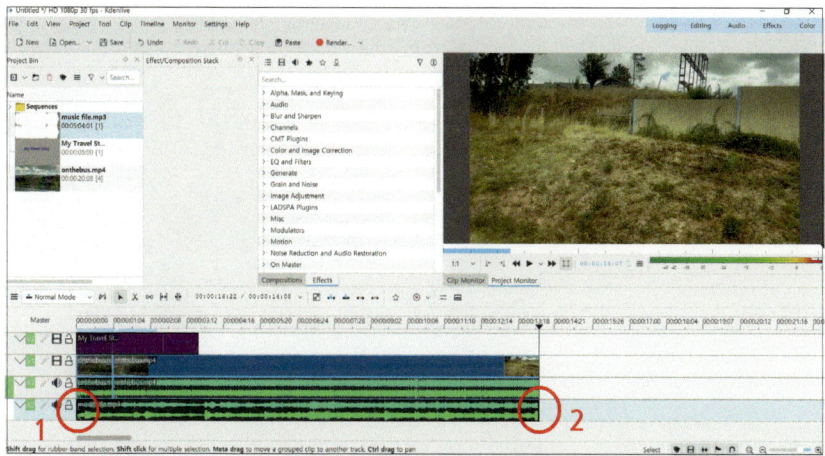

[그림 22] 오디오 트랙 편집 결과

그다음으로 오디오 트랙의 뒷부분도 위와 같은 방법으로 잘라내면 [그림 22]의 1번 영역 및 2번 영역과 같이 비디오의 길이와 동일한 길이로 배경음악이 배치된 것을 볼 수 있다. 이 상태에서 Ctrl 키와 Enter 키를 눌러서 내보내면 배경음악이 추가된 동영상이 만들어진다.

한편 이 경우 원래 비디오에 들어있던 소리와 배경음악의 소리가 합성되어 두 소리가 모두 동영상 파일에 삽입된다. 만약 원래 동영상에 포함되어 있는 소리는 사용하지 않고 배경음악만 사용하고자 할 경우에는 [그림 23]의 원 영역과 같이 해당 오디오 트랙의 스피커 모양을 클릭하여 소리를 소거할 수 있다. 소리를 소거한 오디오 트랙의 스피커 모양은 스피커 위에 빗금이 쳐진 모양으로 표시된다. 이 상태로 Ctrl 키와 Enter 키를 눌러서 내보내면 원래의 소리는 사라지고 배경음악만 삽입된 새로운 동영상 파일을 만들 수 있다.

오디오의 음량을 크거나 작게 조절하거나, 끝부분은 페이드아웃 기능을 써서 음악이 점차 작아지도록 할 수도 있는데, 이런 기능은 차후에 효과를 적용하는 장에서 살펴볼 것이다.

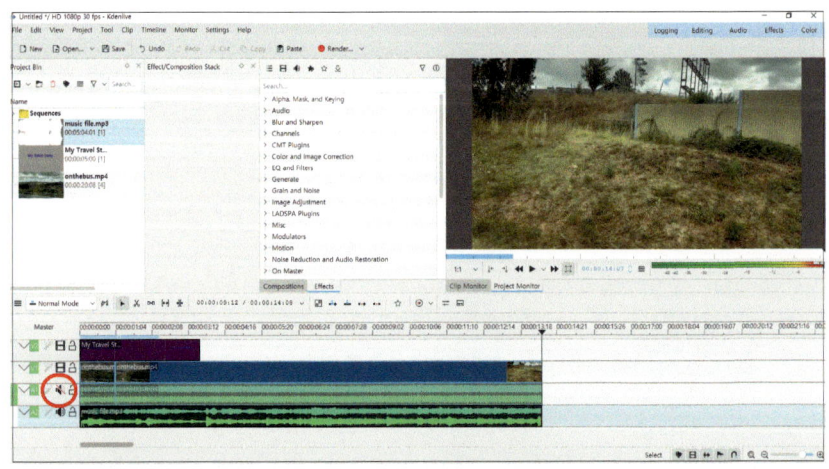

[그림 23] 오디오 트랙 소리 소거하기

비디오 및 오디오 트랙 추가하기

지금까지 진행한 동영상 편집에는 원래 동영상 파일의 비디오 트랙과 오디오 트랙, 타이틀 클립 트랙, 배경음악 트랙 등 4개의 트랙이 사용되었다. 새로운 트랙이 필요한 경우에는 [그림 24]의 원 영역 부분을 마우스 우측 버튼으로 클릭하면 나타나는 세부 메뉴에서 Insert Track을 선택하여 새로운 트랙을 삽입할 수 있다.

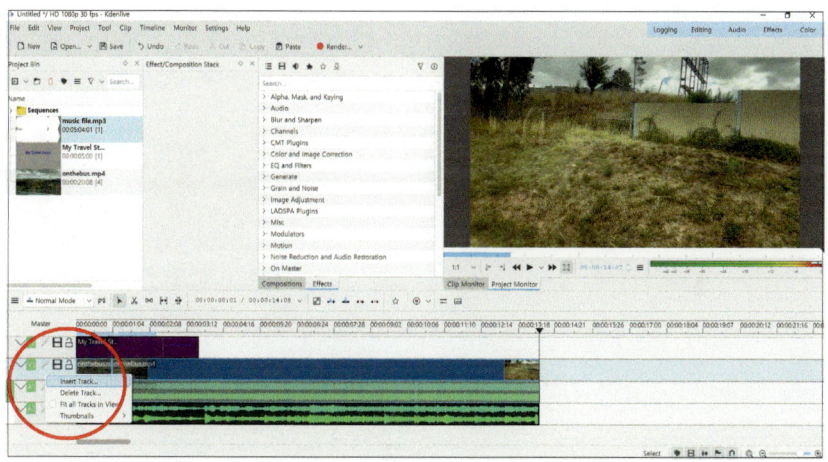

[그림 24] 트랙 삽입 메뉴

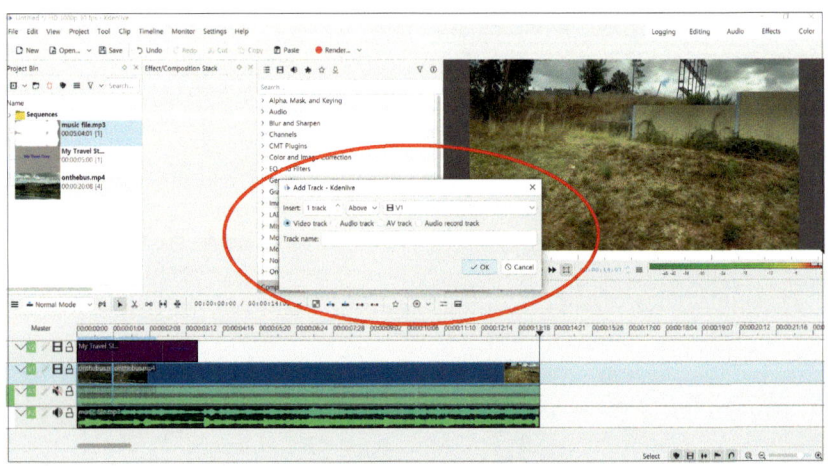

[그림 25] 트랙 추가 선택 사항

이때 [그림 25]의 원 영역과 같이 비디오와 오디오, 비디오만, 오디오만 등과 같이 추가를 원하는 트랙 형태와 트랙 이름을 입력하여 새로운 트랙을 추가할 수 있다. 본 장에서는 트랙 추가 방법만 설명하고 실제 트랙의 추가는 독자 여러분이 필요한 경우 사용해 보면 될 것이다. 트랙이 추가된다는 점 이외에 사용 방법은 지금까지 진행한 것과 같다.

프로젝트 저장 및 불러오기

Kdenlive를 종료하고 차후에 작업을 이어서 하고자 할 때는 File 메뉴 아래의 Save를 선택하여 현재 편집 상태를 프로젝트 파일로 저장할 수 있다. 단 편집 중인 동영상 자체가 저장되는 것이 아니고 현재 편집 상태만 저장된다. 그러므로 차후에 다시 File의 Open 메뉴에서 프로젝트 파일을 불러올 때는 모든 동영상 파일이 이전에 편집할 때와 동일한 폴더에 동일한 파일 상태로 유지되어야 한다.

3

다수의 동영상 편집

다수의 동영상 편집

두 개의 동영상 합치기

Kdenlive를 사용하여 두 개의 동영상을 합쳐보자. [그림 26]에서는 먼저 onthebus.mp4라는 동영상 파일을 1번 영역과 같이 좌측 Project Bin 창으로 끌어와서 불러왔다. 그리고 마우스로 끌어서 하단의 타임라인 트랙에 위치시켰다. 2번 영역이 onthebus.mp4 동영상에 대한 트랙이다. (독자 여러분은 각자의 파일을 사용하면 된다.)

그 후 road.mp4라는 동영상 파일을 끌어서 3번 영역과 같이 좌측 Project Bin 창으로 불러왔다. 그 후 마우스로 끌어서 하단의 타임라인에 위치시켰다. 4번 영역이 road.mp4 동영상 파일에 대한 트랙이다.

위의 과정에서 파일을 불러오는 순서나 타임라인 내에서 트랙의 순서는 원하는 대로 해도 된다. 동영상 파일을 타임라인으로 끌어오면 비디오 트랙과 오디오 트랙에 모두 한꺼번에 위치한다는 점도 기억해 두자.

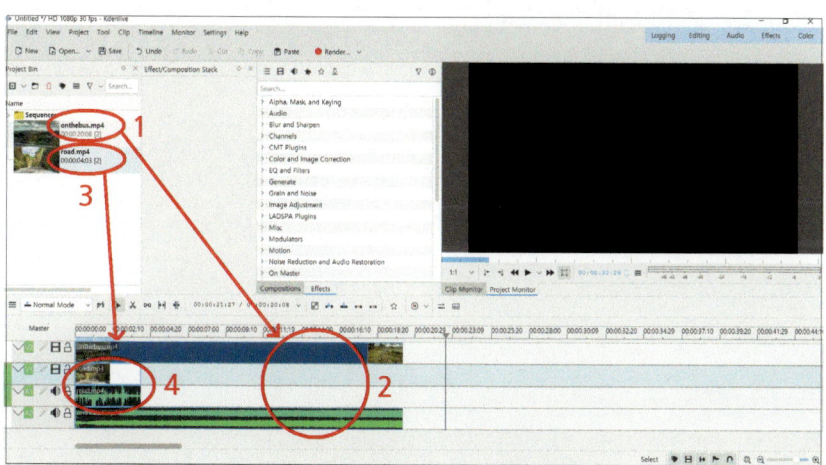

[그림 26] 두 개의 동영상 불러오기

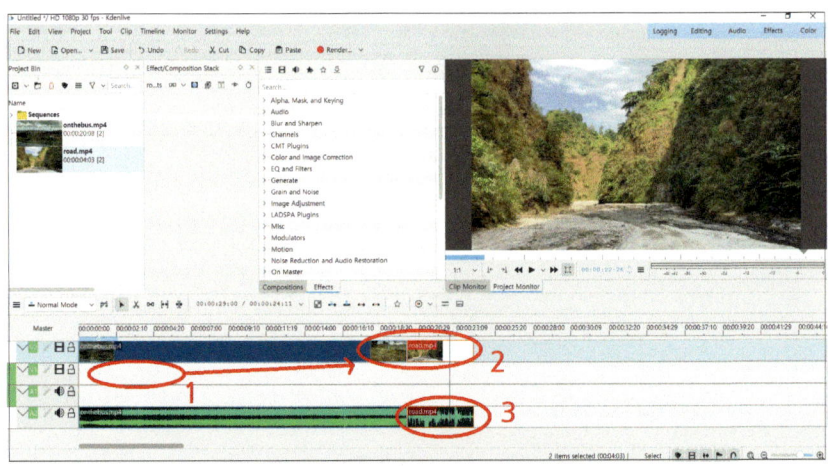

[그림 27] 트랙을 옮겨 동영상 합치기

비디오나 오디오 클립을 합칠 때는 합치기를 원하는 트랙으로 비디오나 오디오 클립을 끌어오면 간단하게 완료된다. [그림 27]에서는 1번 영역 내에 있던 road.mp4 비디오 클립을 마우스를 사용하여 2번 영역으로 끌어서 이동시켰다. 즉 onthebus.mp4 비디오 뒤에 road.mp4 비디오를 붙인 것이다. 이때 road.mp4 동영상 파일에 포함되어 있던 오디오 클립도 3번 영역으로 자동으로 함께 이동된다. 원래 하나의 동영상에 들어 있던 비디오 트랙의 클립과 오디오 트랙의 클립은 함께 이동되는 것을 확인할 수 있다. 타임라인은 Ctrl 키를 누른 상태에서 마우스의 휠을 돌려서 확대와 축소를 할 수 있으니 트랙의 비디오 영역의 크기를 자신의 필요에 맞게 조절할 수 있다.

이제 Ctrl 키와 Enter 키를 눌러서 동영상 내보내기를 하면 타임라인에 합쳐져 있는 두 개의 동영상이 하나의 동영상으로 합쳐진 상태로 내보내기가 이루어진다. 타임라인에 있는 동영상을 내보내는 방법은 이전에 설명된 내용대로 Ctrl 키와 Enter 키를 눌러서 실행한다. 만약 내보내기 과정이 잘 이해되지 않는 경우에는 이전의 장을 참조하면 될 것이다.

비디오 화면 크기를 조절하여 두 개의 동영상을 겹치기

바로 앞 절에서는 하나의 동영상 뒤에 다른 동영상을 연결하는 동영상 합치기 방법을 알아보았다. 이번 절에서는 두 개의 동영상을 연결하는 것이 아니고, 하나의 동영상의 화면과 다른 동영상의 화면을 겹치도록 해볼 것이다. 동영상의 화면을 겹친다는 표현을 했지만 사실 타임라인의 트랙에 위치한 모든 비디오는 기본적으로 겹쳐진 상태에 있게 된다. 다만 상단 트랙의 비디오가 하단 트랙의 비디오를 덮는 특성을 가지고 있을 뿐이다. 이 경우 가장 위에 위치한 비디오만 재생 시 나타나고 그 하단의 비디오는 모두 가려지게 된다.

본 절에서는 두 개의 동영상을 겹치기 위하여 상단 트랙에 위치한 비디오 화면의 크기를 줄이거나 화면 위치를 이동시켜서 하단 트랙의 비디오와 동시에 보이도록 해볼 것이다. 예를 들어 하단 트랙의 비디오가 메인 내용이고 상단 트랙에는 참고 자료나 무언가를 설명하는 해설자의 비디오 클립이 위치하는 상황으로 생각할 수 있다.

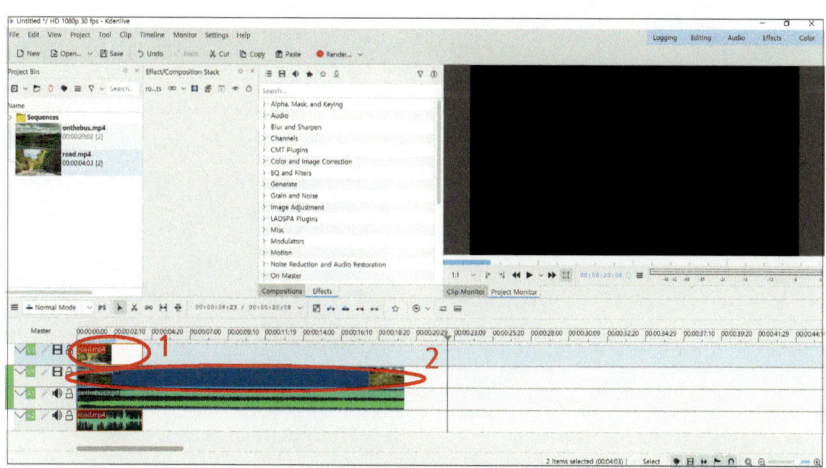

[그림 28] 타임라인의 트랙 내 클립 위치 바꾸기

본 예에서는 위의 작업을 위하여 [그림 28]과 같이 road.mp4 비디오를 위쪽 트랙으로 옮겼다. 트랙 내의 비디오나 오디오 클립을 끌어서 서로 다른 트랙의 빈 곳에 놓은 후 다시 영역을 조정하면 클립의 위치를 변경할 수 있다. 혹은 다른 방법으로는 트랙 내의 클립을 클릭한 후 키보드의 Del 키를 누르면 타임라인 트랙 내의 비디오나 오디오 클립을 지울 수 있는데, 이 방법을 사용하여 타임라인 내의 트랙을 모두 지운 후 Project Bin 창의 비디오를 다시 타임라인의 원하는 위치로 끌어와도 된다. 자신이 편리한 방법을 사용하면 되겠다.

상단 트랙의 비디오 화면의 크기를 조절하거나 겹치는 위치를 조절하기 위해서는 비디오 효과 기능을 추가해야 한다. 이를 위해서 [그림 29]의 1번 영역의 Effects 탭을 누른 후, 그 위에 나열되어 있는 여러 효과들 중 2번 영역과 같이 Transform, Distort and Perspective를 클릭하고, 그 하부 메뉴 중 3번 영역 내의 Crop, Scale and Tilt를 마우스로 끌어서 4번 영역 내에 있는 비디오 클립에 붙인다. 자세히 보면 상단 트랙에 위치한 road.mp4 비디오 클립에 Crop, Scale and Tilt 효과 표시가 붙을 것을 확인할 수 있다. 이제 이 비디오 효과를 사용하여 겹친 비디오에 크기 변경 등의 효과를 사용할 수 있다.

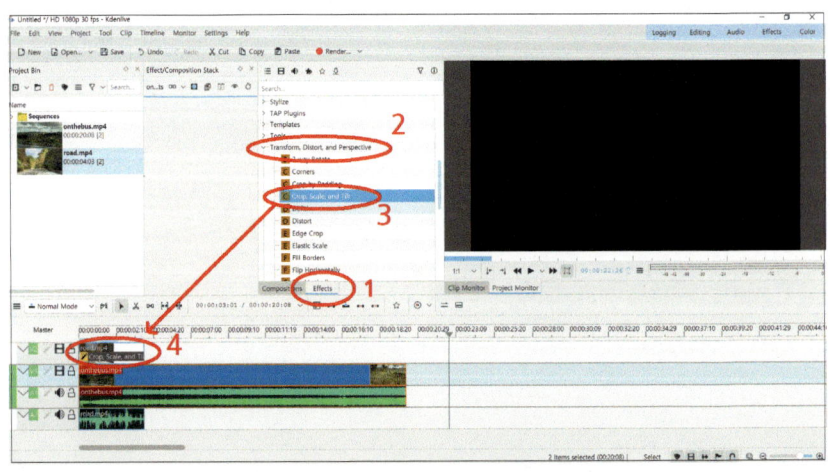

[그림 29] 비디오 효과 붙이기

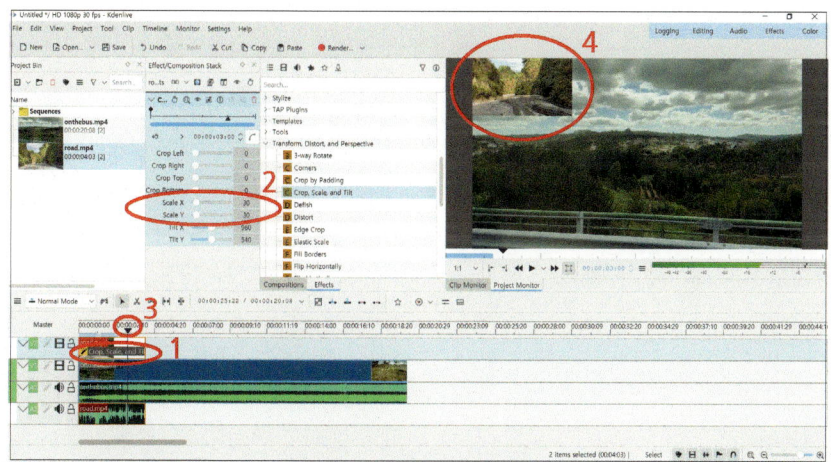

[그림 30] 비디오 크기 조절하기

이제 상단 비디오의 크기를 가로, 세로 방향으로 30% 크기로 줄여보자. [그림 30]의 1번 영역과 같이 효과를 붙인 클립을 클릭하면 위쪽에 Effect/Composition Stack 창이 나타나며, 이 창 내에서 효과의 정도를 조절할 수 있다. [그림 30]의 2번 영역과 같이 원래 100의 값을 가지고 있었던 Scale X 항목과 Scale Y 항목을 각각 30으로 수정한다. 이 의미는 비디오의 가로와 세로의 길이를 30%로 축소한다는 것이다.

위에서 조절한 효과의 결과를 확인하기 위하여 [그림 30]의 3번 영역과 같이 두 비디오가 겹치는 부분의 타임라인 시간 부분을 클릭한다. 우측 상단 Project Monitor 창의 4번 영역 내와 같이 트랙 상단에 위치한 비디오인 road.mp4가 30% 크기로 축소되어 다른 비디오 겹쳐 나타난 것을 볼 수 있다.

이제 방송과 같은 화면에서 작은 보조 화면이 우측 상단에 떠 있는 경우를 상상해보자. 바로 앞의 작업을 통해 위에 겹쳐진 비디오의 크기를 30%로 줄이는 작업까지는 완료되었다. 이제 그 비디오의 위치를 X, Y 방향으로 이동시켜 볼 것이다.

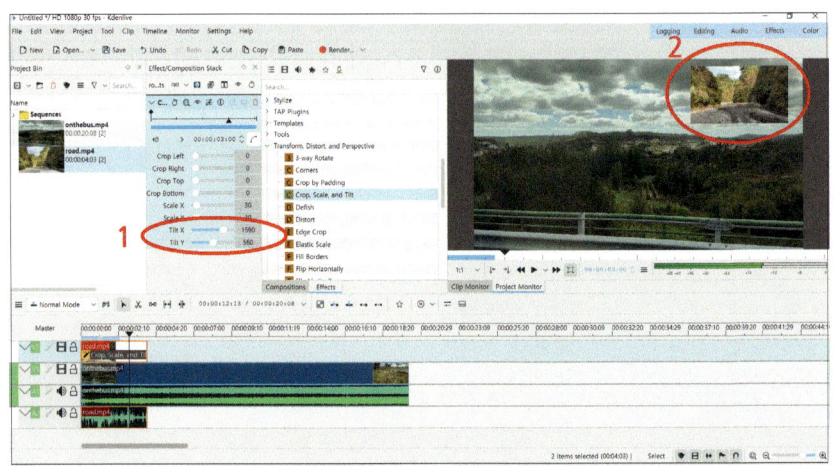

[그림 31] 비디오 위치 조정하기

[그림 31]의 1번 영역 내에는 비디오 효과 중 Tilt X와 Tilt Y라는 항목이 있다. 이는 비디오의 중심이 화면의 어느 위치에 있는지를 의미한다. 본서에서 현재 설명에 사용하고 있는 두 동영상 파일의 화면 해상도는 1920 x 1080 크기이다. 이의 중심은 가로와 세로의 크기를 반으로 나눈 960, 540이 된다. 따라서 [그림 31]의 1번 영역 내의 Tilt X와 Tilt Y 값은 기본적으로 960, 540이 설정되어 있었다.

작게 위에 겹쳐있는 비디오를 우측 상단의 적정한 위치로 옮기기 위하여 Tilt X와 Tilt Y 값을 각각 1090, 560으로 조절해 보자. [그림 31]의 2번 영역과 같이 위에 겹치는 작은 비디오의 위치가 우측 상단의 적당한 영역으로 변경된 것을 볼 수 있다. 이런 방식으로 비디오의 크기와 위치를 조절할 수 있다. 본서에서 설정한 값 이외에도 겹쳐지는 비디오를 우측 하단으로 옮기는 등 다른 효과를 원한다면 독자 여러분이 직접 조절해 보면 된다. 참고로 마우스로 화면의 다른 곳을 클릭하면 효과 값을 조절하는 창의 내용이 사라질 수가 있다. 이런 때는 다시 해당 클립을 클릭하면 Effect/ Composition Stack 창에 효과 조절 항목이 나타난다.

4

비디오, 오디오 효과 추가

비디오, 오디오 효과 추가

4

오디오 음량 조정하기

동영상 파일에는 비디오와 오디오가 포함되어 있는데, 오디오의 음량이 너무 작거나 큰 경우에 이를 조절할 필요가 생기기도 한다. 이 경우에는 오디오 트랙에 오디오 효과를 추가하여 조절할 수 있다.

[그림 32]는 Kdenlive에서 onthebus.mp4 파일을 Project Bin으로 불러온 후, 마우스로 끌어서 타임라인에 위치시킨 상태이다. 이번에는 두 번째 비디오 트랙으로 끌어다가 놓았는데, 항상 첫 번째 트랙으로 위치시킬 필요는 없이 필요에 따라서 사용할 수 있다.

[그림 33]의 1번 영역의 Effects를 누르고, 2번 영역의 Volume and Dynamics를 누른 후, 3번 영역의 Volume을 마우스로 끌어서 4번 영역의 오디오 클립에 붙인다.

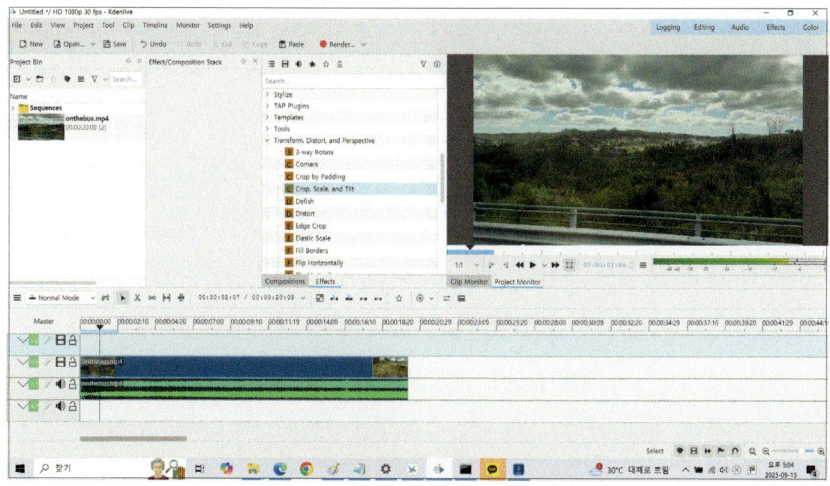

[그림 32] 동영상 파일을 불러온 상태

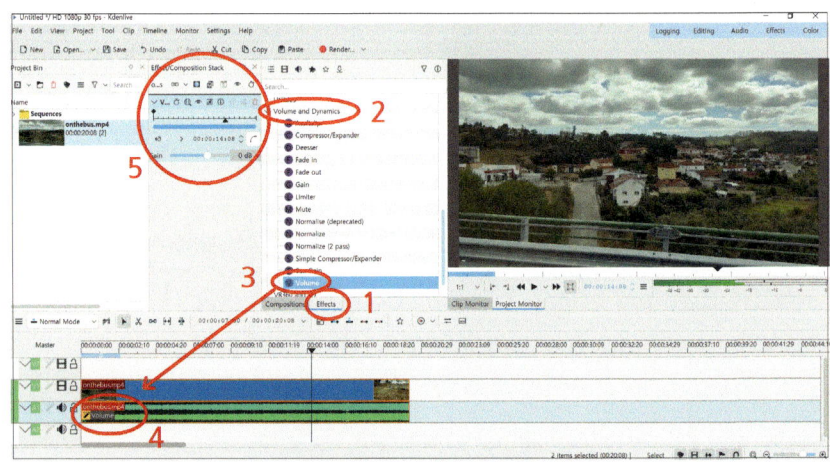

[그림 33] 오디오 효과 붙이기

    [그림 33]의 4번 영역의 오디오 클립을 자세히 보면 Volume 효과가 붙어 있는데, 작은 마술봉 모양을 누르면 효과가 활성화되고 다시 누르면 줄이 그어지며 효과가 비활성화된다. 볼륨 효과를 사용하고자 하면 마술봉이 활성화 상태이어야 한다. 마술봉이 활성화된 상태에서 오디오 클립을 누르면 5번 영역과 같이 음량을 조절할 수 있는 효과 창이 나타난다.

    [그림 33]번 5번 영역의 Gain 항목이 음량을 조절할 수 있는 부분이다. Gain 값은 기본적으로 0으로 설정되어 있다. 이 값을 음수로 만들면 음량이 줄어들고, 양수로 만들면 음량이 커진다. 이 값의 조절은 메뉴에 있는 작은 원을 끌어서 조절할 수도 있고, 0dB라고 쓰여 있는 영역에서 -2나 3과 같이 직접 키보드로 숫자를 입력할 수도 있다. dB(데시벨) 값을 너무 높이면 음이 찌그러지듯이 변형될 수 있으니 dB 값을 변경해 가며 음량을 테스트해 보면서 조절하면 된다. 추가한 Volume 효과를 삭제하려면 5번 영역 가장 우측에 있는 휴지통 모양의 아이콘을 누르면 오디오 클립에 붙어 있던 Volume 효과가 사라진다.

오디오 음량 페이드아웃

이번에는 오디오 트랙에 있는 사운드를 페이드아웃하는 효과를 알아본다. 페이드아웃은 음량이 점점 작아지면서 사라지는 효과이다. 배경음악이 갑자기 정지되면 어색한 느낌이 들기 때문에 일반적으로 배경음악과 같은 효과음은 페이드아웃 효과를 사용하는 경우가 많다.

페이드아웃은 동영상 파일에 포함되어 있는 사운드를 대상으로 할 수도 있고, 배경음악과 같이 별도로 추가한 사운드를 페이드아웃할 수도 있다. 이 두 가지 경우를 모두 진행해 볼 것이다.

이전 절에서 동영상 파일을 불러온 후 Volume 효과를 오디오 트랙에 붙여서 볼륨을 조절해 보았다. 이에 이어서 추가적인 오디오 효과를 붙이는 상황을 가정해 본다. [그림 34]의 1번 영역의 Effects를 누르고, 2번 영역의 Volume and Dynamics를 누르면 나오는 세부 메뉴에서 마우스로 Fade Out을 끌어서 4번 영역의 오디오 클립에 붙인다. 5번 영역의 Effect/Composition Stack 창을 보면 이전 절에서 추가한 Volume 효과 아래에 페이드아웃(Fade Out) 효과가 하나 더 추가된 것을 볼 수 있다.

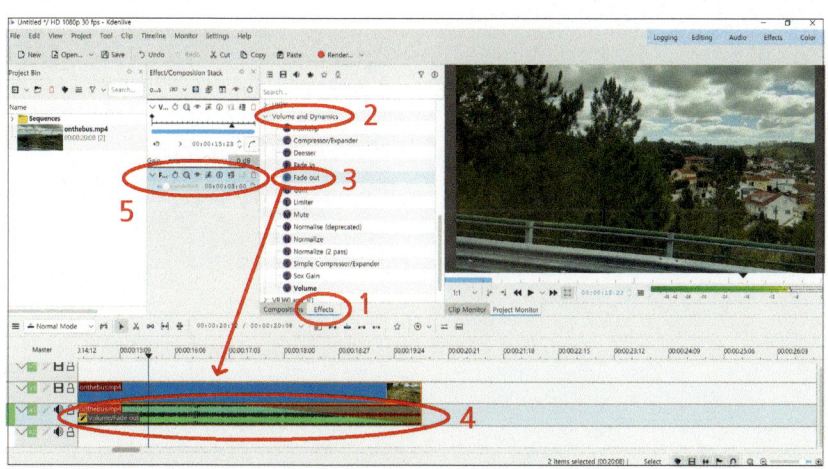

[그림 34] 페이드아웃 오디오 효과 붙이기

[그림 34]의 4번 영역의 오디오 트랙을 살펴보면 이전에는 없던 사선이 점차 줄어드는 모양으로 나타나 있다. 이는 소리가 점점 줄어드는 페이드아웃 범위를 나타낸다. 5번 영역 안에 있는 페이드아웃 효과 숫자를 보면 3으로 되어 있는데 이는 페이드아웃 효과를 통해 음량이 총 3초에 걸쳐서 서서히 줄어든다는 것을 의미한다.

현재 본서에서 사용하고 있는 예시 동영상의 길이는 약 19초 정도이다. [그림 34]에 보이는 4번 영역의 사선은 오디오 트랙 후반 3초 구간 동안 음량이 점차 줄어들고 있는 상황을 표시한다.

동영상의 특성에 따라서는 오디오의 페이드아웃 진행 시간을 더 길거나 짧게 만들 때도 있다. [그림 34]에서는 3초 동안 오디오 페이드아웃이 진행되도록 설정했는데 이 값을 변경하는 방법을 알아보자.

현재 진행하고 있는 실습에서는 오디오 트랙에 효과가 두 개 붙어 있다. 이때 오디오 클립이 아닌 곳을 클릭하면 붙여진 두 개의 오디오 효과의 내용은 효과 조절 창에서 사라진다. 효과는 클립별로 적용되기 때문이다. 이런 경우에는 [그림 35]와 같이 다시 오디오 클립을 선택하면 1번 영역과 같이 오디오 효과 조절 창이 다시 나타난다.

[그림 35] 페이드아웃 진행 시간 조절하기

[그림 35]의 1번 영역을 보면 페이드아웃 진행 시간을 1초로 변경한 것을 볼 수 있다. 이 시간을 변경하는 방법은 1번 영역의 작은 원 모양의 슬라이더 바를 움직여도 되고, 더 정밀하게 조정을 원하면 시간이 나타난 부분을 마우스로 클릭 후 위, 아래 화살표를 움직여 단계별 조절을 할 수도 있다. [그림 35]의 2번 영역을 보면 사선 모양으로 표시된 페이드아웃 진행 시간이 1초로 변경된 것을 볼 수 있다.

원 동영상의 오디오를 새로운 오디오로 대치하기

동영상을 촬영했을 경우 원래 동영상에 있던 오디오는 삭제하고 배경음악이나 나레이션 등 새로운 오디오를 동영상에 넣는 경우가 있다. 본 절에서는 mp4 형식의 동영상 파일과 mp3 방식의 음악 파일을 불러온 후, mp4 동영상 파일에 있던 오디오는 삭제하고 mp3 파일의 오디오로 대체하는 과정을 알아본다. 앞 절에서 진행하던 편집 내용은 모두 삭제하거나 새로 Kdenlive를 실행하도록 한다.

본 예에서는 [그림 36]과 같이 onthebus.mp4라는 동영상 파일을 1번 영역에 마우스로 끌어서 불러온 후 다시 끌어서 2번 영역의 타임라인 트랙에 위치시켰다. 같은 방법으로 musicfile.mp3라는 파일을 3번 영역으로 마우스로 끌어서 불러온 후 다시 끌어서 4번 영역에 위치시켰다. 본 예에서는 동영상 파일을 두 번째, 세 번째 트랙에 위치시켰고, 음악 파일은 가장 아래인 네 번째 트랙에 위치시켰다. 꼭 본 예와 같은 위치의 트랙에 위치시킬 필요는 없다.

musicfile.mp3 파일은 비디오는 없고 오디오만 가지고 있기 때문에 오디오 트랙인 네 번째 트랙에만 위치한다. 오디오 트랙 앞부분을 보면 약간 공백 영역이 있기 때문에 이 부분을 삭제해 보자. 클립의 부분 삭제 처리는 이전에 진행해 본 내용이나 본 절의 진행을 위하여 다시 설명한다.

[그림 37]의 1번 영역과 같이 오디오 트랙 앞부분 공백이 끝나는 부분에서

타임라인 눈금을 누르면 그 위치를 기준으로 세로선이 나타난다. 다음으로 네 번째 트랙의 오디오 클립에서 마우스 우측 버튼을 누른 후 2번 영역과 같이 Cut Clip 메뉴를 선택하면 이 위치를 중심으로 오디오 클립이 잘라진다.

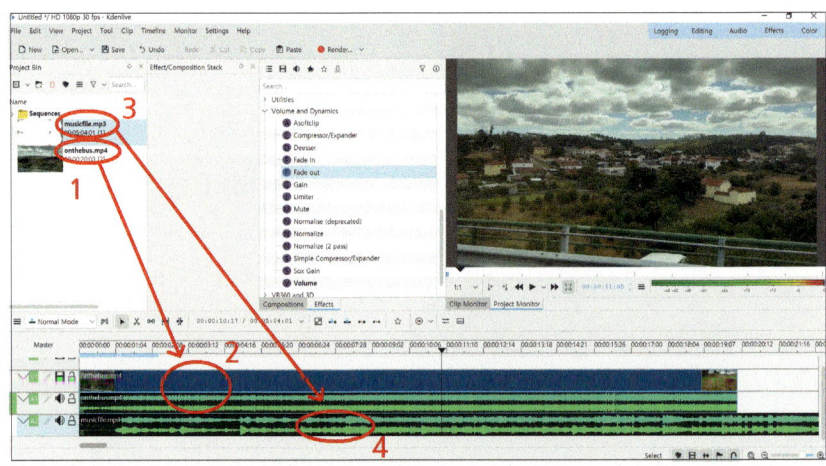

[그림 36] 동영상 파일과 음악 파일 불러오기

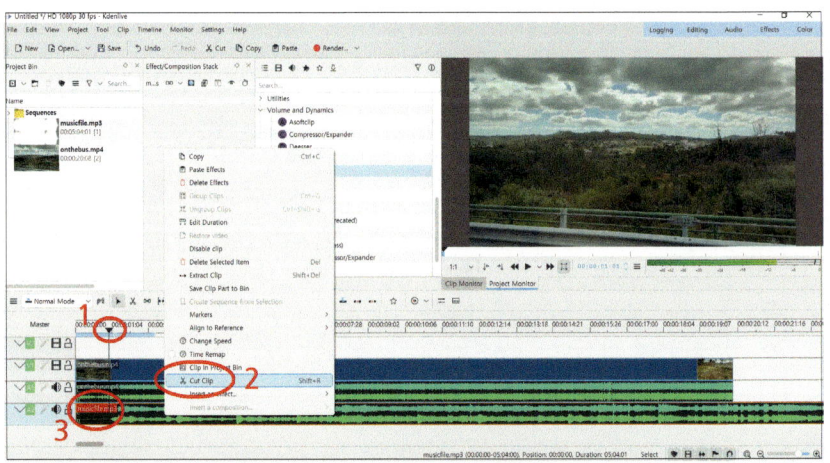

[그림 37] 오디오 앞 부분 잘라내기

[그림 37]의 3번 영역의 잘라진 클립 부분을 마우스로 클릭하여 선택한 후 키보드의 Del 키를 눌러서 해당 클립을 삭제한다. 삭제한 영역은 빈 영역으로 남기 때문에 뒷부분의 오디오 클립 부분을 앞으로 끌어오면 된다.

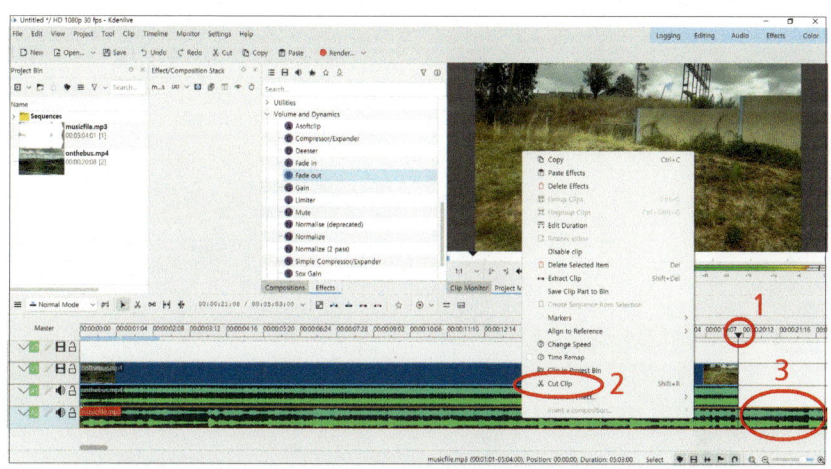

[그림 38] 오디오 뒷 부분 잘라내기

본 예제에서 사용하는 오디오 음악 클립은 동영상 클립보다 길이가 길다. 따라서 동영상 클립의 길이에 맞게 오디오 클립을 잘라주어야 한다. 방법은 오디오의 앞부분을 잘라낼 때와 같다. [그림 38]의 1번 영역과 같이 동영상 끝부분에 맞추어 타임라인의 눈금을 마우스로 클릭하면 세로선이 나타난다. 그리고 음악 파일 오디오 클립을 마우스 우측 버튼으로 누른 후 2번 영역과 같이 Cut Clip을 선택하면 오디오 파일이 잘린다. 그 후 오디오 트랙 뒷부분 3번 영역의 클립을 마우스로 클릭하여 선택 후 키보드의 Del 키를 누르면 오디오 뒷부분을 삭제할 수 있다.

이제 음악 오디오 클립에 페이드인과 페이드아웃 효과를 넣으면 동영상 시작 부분에서 음악 소리가 점진적으로 커지고, 동영상 끝부분에서는 음악 소리가 점진적으로 작아지는 효과를 낼 수 있다.

[그림 39]의 1번 영역의 Effects를 누른 후, 2번 영역의 Volume and

Dynamics를 누른 후, 3번 영역의 Fade In을 끌어서 네 번째 트랙의 오디오 클립에 붙인다. Fade In은 동영상의 도입부 부분에서 음악 소리가 점진적으로 커지는 페이드인 효과를 실행한다.

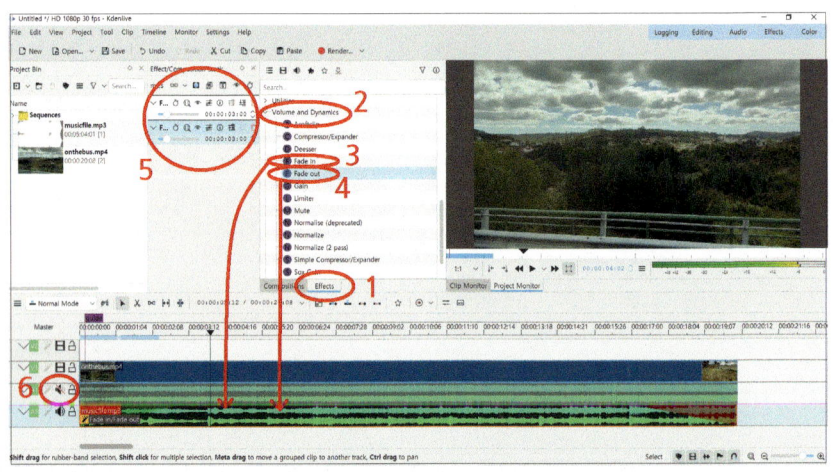

[그림 39] 페이드인, 페이드아웃 오디오 효과 넣기

[그림 39]의 1번 영역의 Effects를 누른 후, 2번 영역의 Volume and Dynamics를 누른 후, 4번 영역의 Fade Out을 끌어서 네 번째 트랙의 오디오 클립에 붙인다. Fade Out은 동영상의 끝부분에서 음악 소리가 점진적으로 작아지는 페이드아웃 효과를 실행한다.

이렇게 Fade In과 Fade Out 효과를 붙인 후 이 오디오 클립을 마우스로 클릭하면 [그림 39]의 5번 영역과 같이 Effect / Composition Stack 창에 Fade In과 Fade Out 효과 조절 도구가 나타난다. 이 상태에서 네 번째 트랙의 오디오 클립의 모양을 살펴보면 시작 부분에는 위로 향하는 사선이 나타나 있고, 끝부분에는 아래로 향하는 사선이 나타나 있는 것을 볼 수 있다. 이는 오디오 클립에 페이드인과 페이드아웃 효과가 적용되어 있음을 보여준다. 우측 Project Monitor 창에서 재생 버튼을 눌러서 들어보면 Fade In과 Fade Out의 오디오 효과가 추가된 것을 느낄 수 있다.

마지막으로 원래 동영상에 들어 있던 오디오를 삭제해 보자. 만약 원래 동영상에 들어 있던 오디오가 해설이나 대사 등과 같이 필요한 경우에는 그대로 유지하면 될 것이고, 배경음이나 잡음 등 필요가 없는 오디오라면 삭제하면 된다.

[그림 39]의 6번 안의 영역에 있는 스피커 모양은 해당 오디오 트랙이 들리도록 할 것인지 들리지 않도록 할 것인지를 설정하는 버튼이다. 이 스피커 모양이 그대로 있으면 들리는 오디오이고, 이 스피커 모양에 빨간색 사선이 그려져 있으면 오디오가 들리지 않도록 소거하는 것이다. 본 예에서는 원래 동영상 내의 오디오를 삭제하기 위하여 스피커 모양의 버튼을 클릭하여 스피커 모양 위에 사선이 그어지도록 하였다.

모든 작업이 완료되었다. 이제 키보드의 Ctrl 키와 Enter 키를 눌러서 내보내기(Rendering)를 하면 원래 동영상의 소리는 삭제된 채, 새로운 배경음악이 페이드인 페이드아웃 효과와 함께 삽입된 최종 동영상이 만들어진다.

비디오 장면 전환 효과

이번 절에서는 여러 개의 동영상을 연결하여 하나의 동영상으로 편집하는 경우를 생각해 본다. 하나의 트랙에 여러 개의 동영상 클립을 연결한 후 내보내기를 하면 쉽게 하나의 동영상으로 합칠 수 있다. 한편 여러 동영상을 단순히 연결만 할 경우 서로 다른 동영상 간의 장면 전환이 갑자기 발생하기 때문에 딱딱하고 끊어진 듯한 느낌을 받을 수 있다. 이때 장면 전환 효과를 사용하면 서로 부드럽게 오버랩 되며 영상이 바뀌는 효과를 얻을 수 있다.

이를 위하여 본 예에서는 road.mp4라는 이름의 동영상 파일과 onthebus.mp4라는 동영상 파일 두 개를 연결해 볼 것이다. 이를 위하여 [그림 40]과 같이 Project Bin 창에 road.mp4 파일과 onthebus.mp4 파일을 끌어와서 불러온다. 그 후 1번 영역의 road.mp4 파일은 2번 영역의 트랙 부분으로 끌어서, 3번 영역의 onthebus.mp4 파일은 4번 영역으로 끌어온다. 유의할 부분은 두 개의 동영상을 서로 다른 트랙으로 끌어오는 것이 아니고 동일한 트랙으로 끌어온 후 서로 붙여서 연결해야 한다는 점이다. 이 상태에서 내보내기를 한다면 두 개의 동영상이 단순히 결합하는 방식으로 하나의 동영상으로 합쳐질 것이다. 한편 이렇게 단순한 연결 방식에서는 두 개의 동영상이 전환될 때 갑자기 전환되어 끊어지는 듯한 느낌이 드는 형태로 동영상이 합쳐질 것이다.

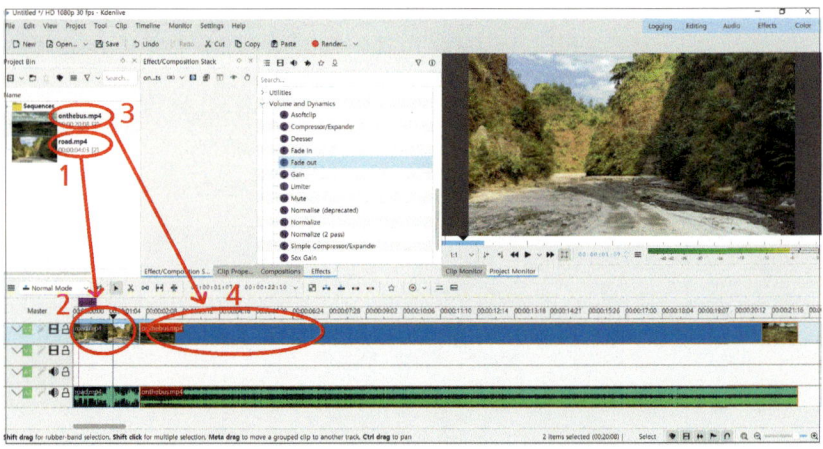

[그림 40] 두 개의 동영상 파일을 하나의 트랙에 놓기

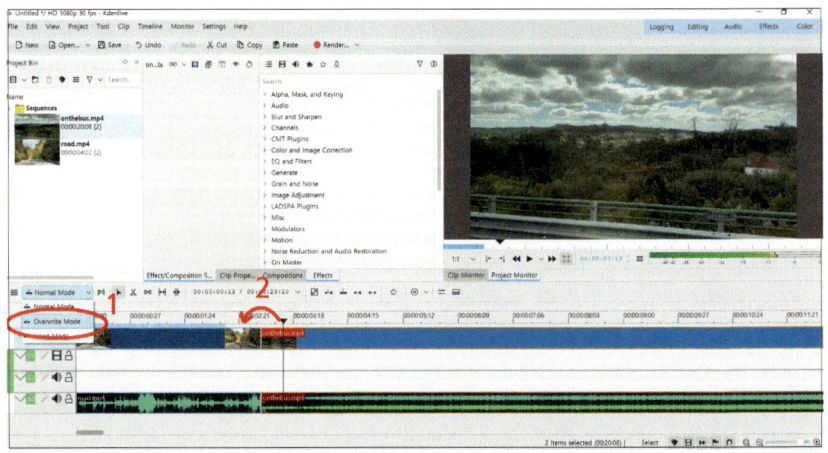

[그림 41] 덮어쓰기 모드 변경

장면 전환 효과를 위해서는 두 동영상 클립의 겹치는 부분이 필요하다. 현재 타임라인의 첫 번째 트랙의 뒤쪽에 있는 onthebus.mp4 클립을 앞쪽에 있는 road.mp4 클립 위에 장면 전환 시 겹치는 부분만큼 옮겨서 겹치게 만들어야 하는데, 현재 편집 모드에서는 두 클립을 겹칠 수가 없다. 한 클립을 끌다가 다른 클립을 만나면 끌기 동작이 정지된다. 그 이유는 현재 편집 모드가 Normal Mode이기 때문이다.

두 개의 클립이 겹치도록 하기 위해서는 Normal Mode를 Overwrite Mode로 변경해 주어야 한다. 이를 위해 [그림 41]의 1번 영역과 같이 선택 상자를 열어 Overwrite Mode를 선택한다. 그리고 2번 화살표와 같이 뒷부분의 클립을 끌어서 앞쪽 클립에 약간 겹치도록 한다. 이때 겹치는 부분의 크기는 화면 전환 효과를 만들고 싶은 구간만큼 겹치면 된다.

이제 [그림 42]의 1번 영역과 같이 겹친 비디오 클립 구간을 마우스로 클릭한 후 2번 영역에 있는 버튼(Mix Clips 버튼임)을 누르면 장면 전환 효과가 적용된다. 3번 영역은 겹친 오디오 클립 구간을 보여준다. 이렇게 겹쳐질 때 기본적으로는 Dissolve 효과가 사용된다. Dissolve 효과는 앞 클립의 비디오는 점점 흐려지면서 뒤 클립의 비디오가 점차 선명해지는 효과로서 방송과 같은 곳에서 흔히 볼 수 있는 효과이다.

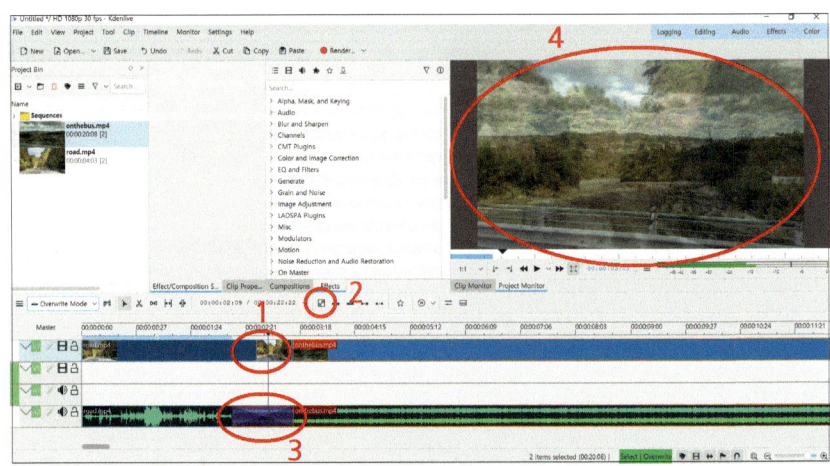

[그림 42] 장면 전환 효과 적용하기

두 클립의 영상이 겹친 부분 위의 타임라인을 클릭한 후 재생 버튼을 누르면 [그림 42]의 4번 영역의 비디오 미리보기와 같이 두 비디오가 서로 겹쳐 지면서 장면이 전환되는 결과를 볼 수 있다. 이 상태에서 키보드의 Ctrl 키와 Enter 키를 누르면 타임라인에 편집된 결과를 새로운 동영상으로 저장할 수 있다.

비디오 장면 전환 효과 변경해 보기

앞 절에서 설정한 장면 전환 효과는 기본적으로 Dissolve 효과를 가진다. 이번에는 장면 전환 효과를 변경해 본다. [그림 43]의 1번 영역과 같이 겹친 부분의 비디오 클립 부분을 클릭한다. 혹은 오디오 부분에 나타난 겹침 표시 박스를 클릭해도 된다. 그 후 2번 영역의 Wipe Method(장면 넘기기 방법) 효과 창에서 원하는 효과를 선택하면 장면 전환 효과가 변경된다. 본 예에서는 Bar Horizontal이라는 효과를 선택했다. 3번 영역의 비디오 미리보기를 보면 장면 전환 효과가 좌측에서 우측으로 쓸어 넘기는 형태로 변경된 것을 볼 수 있다. 필요에 따라서 다른 장면 전환 효과도 선택하면 될 것이다.

[그림 43] 비디오 장면 전환 효과 변경하기

비디오 크로마키 효과

뉴스나 해설자가 등장하는 동영상을 보면 해설자 주위 부분이 투명하게 처리되어 뒷배경이 나타나는 것을 볼 수 있다. 이 경우 사람을 촬영할 때 사람 이외의 부분은 녹색이나 파란색 배경을 사용한 후 녹색이나 파란색은 투명 처리되도록 하여 배경 화면과 합치는 방법을 사용한다. 이런 기술을 크로마키라고 부른다.

[그림 44]는 녹색 배경에서 로봇이 동작하는 동영상으로서, 본 절에서 크로마키 처리 예시를 위해 사용할 것이다. 이 로봇은 앞의 예에서 사용하던 onthebus.mp4 비디오 위에 나타나면서 로봇 이외의 부분은 투명 처리가 될 것이다. 참고로 [그림 44]의 동영상은 크로마키 비디오 효과만 테스트해보는 용도로서 오디오는 포함하지 않는다.

[그림 44] 크로마키 합성을 위한 녹색 배경 비디오

[그림 44]에 보이는 로봇의 동영상의 파일 이름은 robot.mp4로 하였다. [그림 45]와 같이 앞의 예에서 사용했던 onthebus.mp4 파일과 robot.mp4 파일을 Project Bin 창으로 끌어서 불러왔다. 그리고 1번 영역으로 불러온 onthebus.mp4 파일은 타임라인의 두 번째 트랙으로 끌어다 놓았고, 2번 영역으로 불러온 robot.mp4 파일은 가장 위인 첫 번째 트랙으로 끌어다 놓았다.

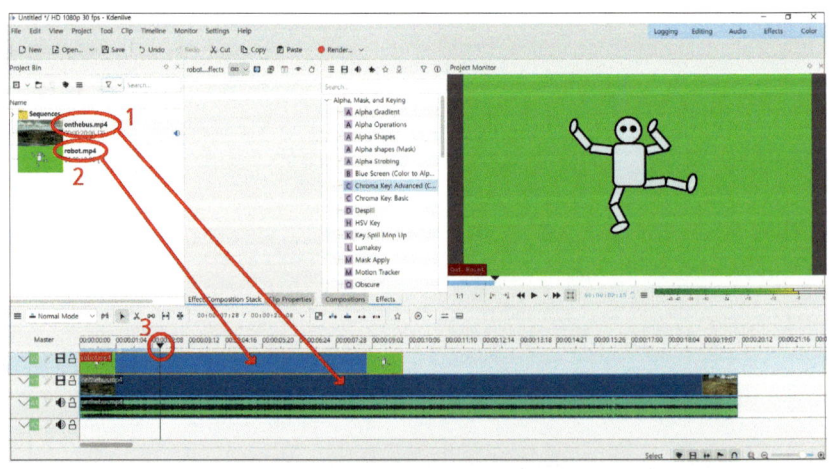

[그림 45] 크로마키용 동영상 불러오기

[그림 45]의 3번 영역의 타임라인 시간을 누르면 [그림 45]의 비디오 미리보기와 같이 로봇만 나타난다. robot.mp4의 비디오 트랙이 onthebus.mp4의 비디오 트랙보다 더 위에 있어서 화면의 우선 순위를 가지기 때문이다. 이 상태에서 robot.mp4 비디오의 녹색 부분을 크로마키 처리하여 투명 부분으로 만드는 방법을 알아보자.

크로마키 처리를 위해 크로마키 비디오 효과를 robot.mp4의 비디오 클립에 붙여야 한다. [그림 46]의 1번 영역의 Effects를 클릭하고, 2번 영역의 Alpha, Mark, and Keying을 클릭하면 나타나는 3번 영역의 Chroma Key: Advanced (Color Selection) 효과를 끌어서 첫 번째 트랙의 비디오 클립에 붙인다. 이때 4번 영역에 효과 조절창이 나타난다.

4번 영역의 색상이 투명색을 결정한다. 보통 4번 영역은 기본적으로 녹색으로 설정되어 있는데, 본 예에서는 추가 설명을 위하여 미리 청색으로 변경해 놓았다. 이 색상이 청색이기 때문에 로봇 주위의 녹색은 투명색으로 간주되지 않아 Project Monitor 창의 로봇 주위는 아직 투명 처리가 이루어지지 않은 상태이다.

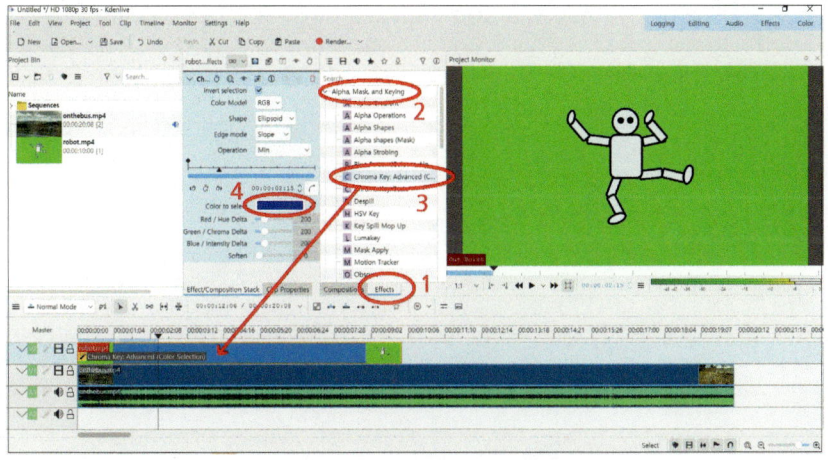

[그림 46] 크로마키 효과에 붙이기

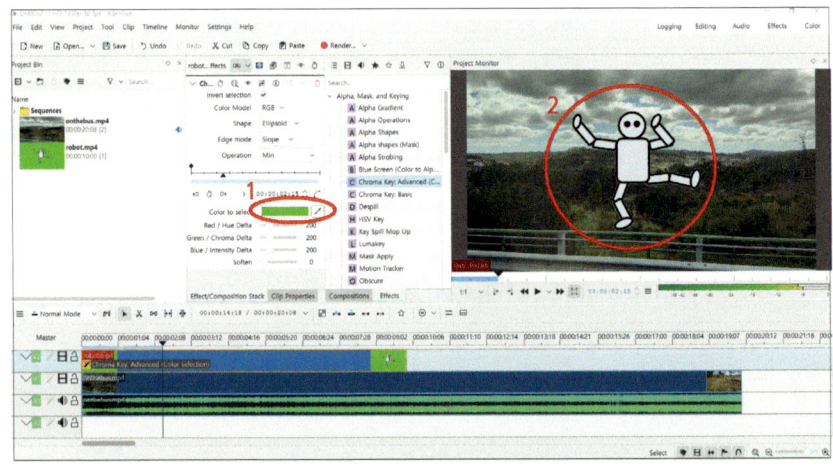

[그림 47] 녹색을 크로마키 색으로 투명처리한 결과

이제 투명색을 지정해 보자. 참고로 효과 조절창은 해당 클립이 아닌 다른 트랙이나 메뉴를 클릭하면 사라진다. 해당 클립에 붙인 효과의 조절창은 해당 트랙의 클립을 선택해야만 나타난다는 점을 다시 한번 기억해 두자.

[그림 46]의 4번 영역의 우측 부분에 스포이드 모양의 아이콘이 있다. 이 스포이드 모양의 아이콘을 클릭한 후 [그림 46]의 Project Monitor 창에서 로봇 주위의 녹색 영역을 클릭한다. 이는 투명색으로 사용할 색을 클릭해서 지정한다는 의미이다. 이렇게 스포이드로 녹색이나 기타 색을 선택할 수 있기 때문에 완전한 녹색이 아닌 녹색과 비슷한 색이나 파란색, 빨간색 등 다른 색이 로봇의 배경으로 있더라도 스포이드로 클릭해서 투명색을 자유롭게 지정할 수 있다.

[그림 47]의 1번 영역의 색은 녹색으로 변경되었다. 이는 이제는 녹색을 투명색으로 사용한다는 의미이다. 그리고 [그림 47]의 Project Monitor 창의 2번 영역을 보면 로봇의 주위가 투명으로 처리되어 두 번째 트랙의 영상에 합성된 것을 확인할 수 있다. 물론 이 결과를 확인하려면 타임라인에서 두 영상이 겹친 시간대를 클릭해야 한다.

크로마키 처리된 영상의 위치 및 크기 조절하기

이번 절의 내용은 앞 절에 이어 진행한다. [그림 47]에서 합성된 로봇은 배경 영상의 중앙에 위치해 있고 크기가 너무 큰 상태이다. 이 로봇의 위치를 우측 하단으로 옮기고 크기도 줄여서 영상을 해설하는 해설자와 같은 느낌을 주도록 해볼 것이다. 이를 위해서는 위치와 크기를 조절하는 새로운 비디오 효과를 추가로 붙여서 처리한다.

[그림 48]과 같이 1번 영역의 Effects를 클릭한 후, Transform, Distort, and Perspective를 찾아 클릭한 후, Crop, Scale, and Tilt 효과를 마우스로 끌어서 첫 번째 트랙의 클립에 붙인다. 현재 첫 번째 트랙에는 로봇 비디오 클립이 위치해 있다. 첫 번째 트랙의 클립을 클릭하면 4번 영역과 같이 새로 추가한 Crop, Scale, and Tilt 효과가 나타난다. 현재 크로마키 효과도 상단에 추가되어 있기 때문에 모니터의 해상도에 따라서는 효과 조절창 영역에서 스크롤바를 사용하여 아래쪽으로 이동해야 Crop, Scale, and Tilt 효과가 보일 수도 있다.

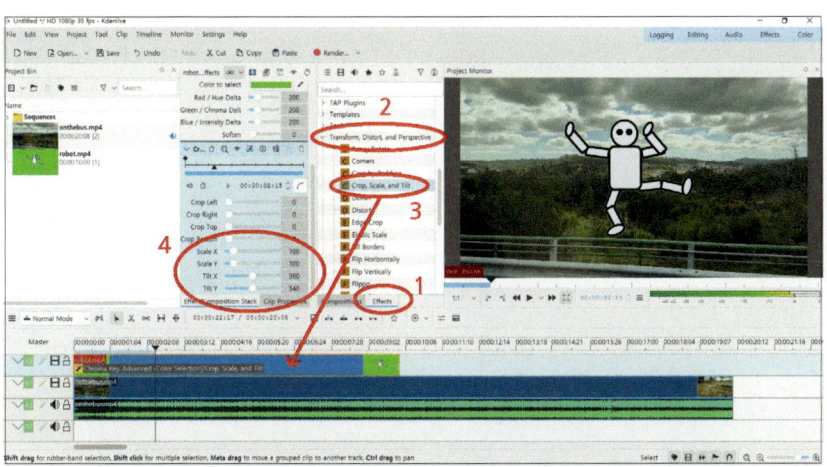

[그림 48] 위치와 크기 조절을 위한 비디오 효과 붙이기

[그림 48]의 4번 영역의 Tilt X는 960, Tilt Y는 540으로 기본값이 설정되어 있는데, 이는 현재 사용하고 있는 비디오의 해상도가 1920 x 1080이기 때문에 가로인 X, 세로인 Y 축 방향으로 각각 그 반값을 의미한다. 즉 비디오의 중앙이 해상도의 중앙에 위치하고 있다는 의미이다. Tilt X와 Tilt Y 값을 조절하면 비디오의 위치를 옮길 수 있다.

또한 [그림 48]의 4번 영역의 Scale X와 Scale Y에는 기본값으로 100이 각각 들어 있는데, 가로인 X와 세로인 Y 축 방향으로 100% 크기라는 의미이다. 100%는 원래의 배율을 의미하므로 비디오 원본 상태의 크기라는 의미이다.

[그림 49]의 1번 영역을 보면 Scale X와 Scale Y를 각각 60으로 설정하였는데, 이는 원본 크기의 60% 크기로 축소한 것을 의미한다. 그리고 Tilt X의 값으로는 1450을 Tilt Y의 값으로는 750을 사용했는데, 이는 가로 방향인 우측으로 이동된 위치와 세로 방향인 아래로 이동된 위치를 의미한다. 이렇게 값을 설정한 결과 [그림 49]의 2번 영역과 같이 크로마키 처리된 로봇이 축소된 형태로 우측 하단에 배치된 것을 확인할 수 있다. Scale X, Scale Y, Tilt X, Tilt Y 값은 자신의 상황에 맞게 테스트해 보며 조절하면 될 것이다.

[그림 49] 크로마키 처리된 비디오의 이동 및 축소

5

음성 인식 자막 추출

음성 인식 자막 추출   5

이번 장의 목표는 동영상에 포함되어 있는 사람의 음성을 자동으로 추출하는 방법에 관한 것이다. 사람의 음성을 텍스트로 변환하는 과정을 STT (Speech To Text)라고 부른다.

이번 장에서는 Kdenlive 이외에 추가로 소프트웨어를 설치하고 이를 사용하여 음성을 텍스트로 추출할 것이다. 단순히 음성 텍스트만 추출하는 것이 아니고 동영상에 자막으로 추가할 수 있도록 텍스트가 나타나는 시간 정보까지 함께 추출할 수 있다. 추출된 음성 텍스트는 다음 장에서 Kdenlive를 사용하여 자동으로 동영상에 자막으로 삽입될 것이다. 참고로 본 장에서 설치하는 소프트웨어는 원래는 더 다양한 목적으로 사용되는 것들이지만, 본 장의 목표인 자막 추출만을 위해서는 화면 그대로 따라서 설치만 하고 명령 한 줄만 입력하여 자막을 추출하면 된다.

관련 소프트웨어 설치 순서

본 장에서는 다음 공개 소프트웨어를 설치한다. 다음 소프트웨어를 사용자가 복잡하게 사용할 필요는 없으며, 명령 한 줄로만 간단하게 자막을 추출할 수 있다. 소프트웨어 설치 과정은 다음 절부터 나오는 화면의 예시대로 한 단계씩 따라하면 된다.

- python: 소프트웨어 실행을 위한 기반 기능 역할 (사용자가 직접 사용 안 함)
- ffmpeg: 동영상에서 음성 파일 추출 기능을 담당 (사용자가 직접 사용 안 함)
- whisper: 음성 자동인식을 통해 텍스트를 추출 (사용자가 직접 사용)

Python(파이썬) 설치 방법

파이썬은 프로그래밍 언어인데 본서에서는 whisper를 실행하기 위한 기반 기능 역할만 하므로 파이썬 자체를 이해할 필요는 없다. 웹브라우저에서 다음 주소를 방문한다.

https://www.python.org/downloads/release/python-31011

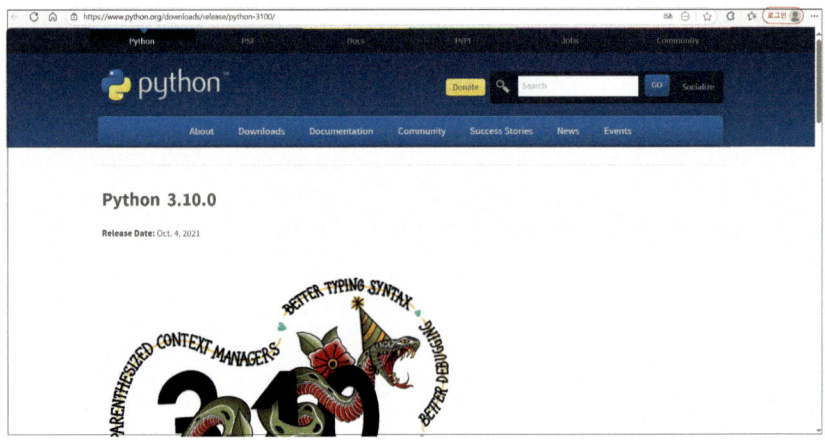

[그림 50] 파이썬 설치 파일 다운로드 웹페이지

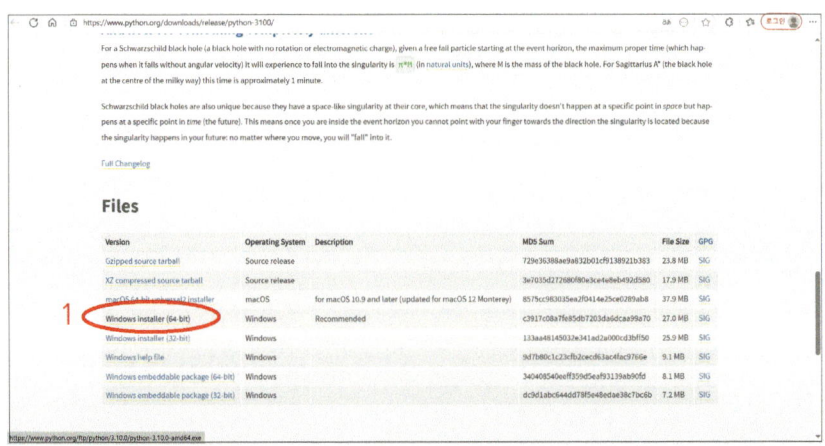

[그림 51] 파이썬 3.10 설치 파일 다운로드 링크

위 주소를 방문하면 [그림 50]과 같은 페이지를 볼 수 있다. 더 최근 버전의 파이썬도 있지만 본서의 집필 시점 버전의 whisper와의 실행을 직접 테스트해 본 파이썬 3.10을 지원하는 페이지이다. [그림 50]에 나타난 페이지를 스크롤해서 아래로 내리면 [그림 51]과 같은 내용이 나타난다. 이 중 [그림 51]의 1번 영역을 클릭하여 윈도우 64비트 버전을 다운로드 받는다.

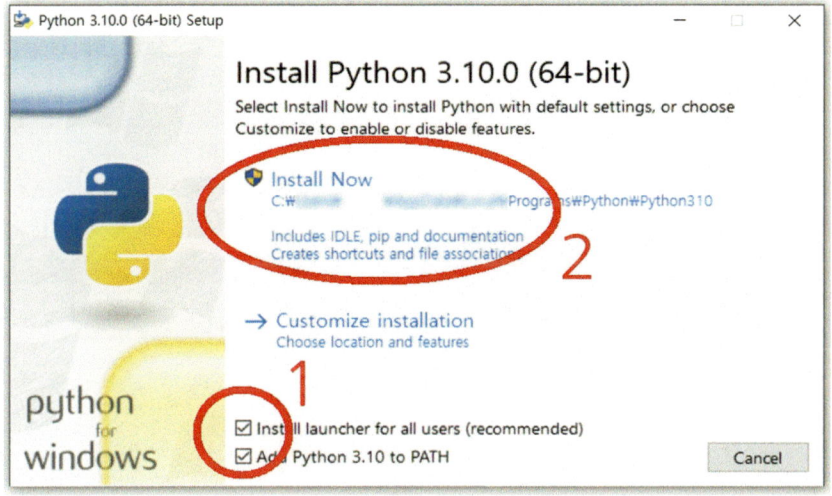

[그림 52] 파이썬 설치 초기 화면

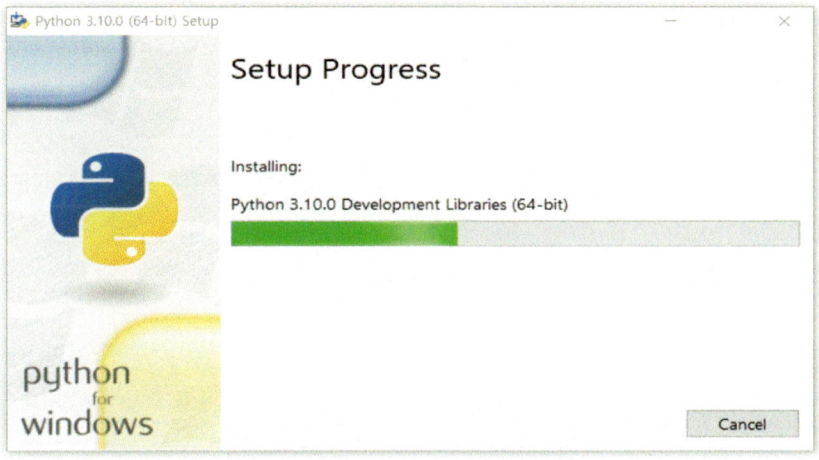

[그림 53] 파이썬 설치 진행 화면

다운받은 파일을 실행하면 [그림 52]와 같은 파이썬 설치 초기화면이 나타난다. [그림 52]의 1번 영역의 두 선택 항목을 모두 체크한 후 2번 영역의 Install Now를 클릭한다. [그림 53]은 파이썬 설치 진행 화면이다. 파이썬 설치가 완료되면 [그림 54]와 같은 설치 완료 화면이 나타나며 이때 Close를 누른다.

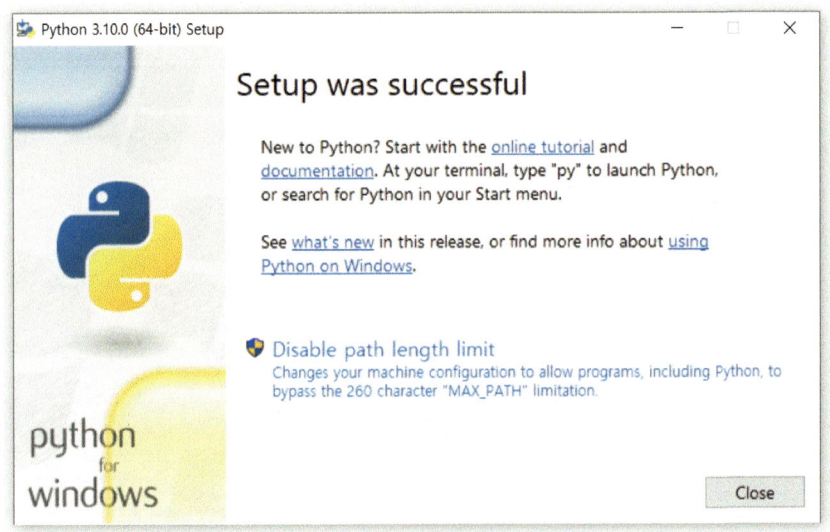

[그림 54] 파이썬 설치 완료 화면

ffmpeg 설치 방법

ffmpeg 소프트웨어는 설치 파일이 제공되는 형태가 아니고 다운로드받아서 압축을 푸는 방식으로 설치한다. 먼저 다음 페이지를 방문하면 [그림 55]와 같은 ffmpeg 다운로드 페이지가 나타난다.

https://ffmpeg.org/download.html

윈도우 운영체제용 ffmpeg을 다운로드하기 위하여 [그림 55]의 1번 영역의 윈도우 모양에 마우스를 올려놓은 후 하단에서 2번 영역과 같이 "Windows Builds by BtbN" 부분을 클릭한다. 그다음 나타나는 [그림 56]과 같은 화면에서 1번 영역에 있는 "ffmpeg-master-latest-win64-gpl-shared.
zip"을 클릭하면 다운로드가 시작된다.

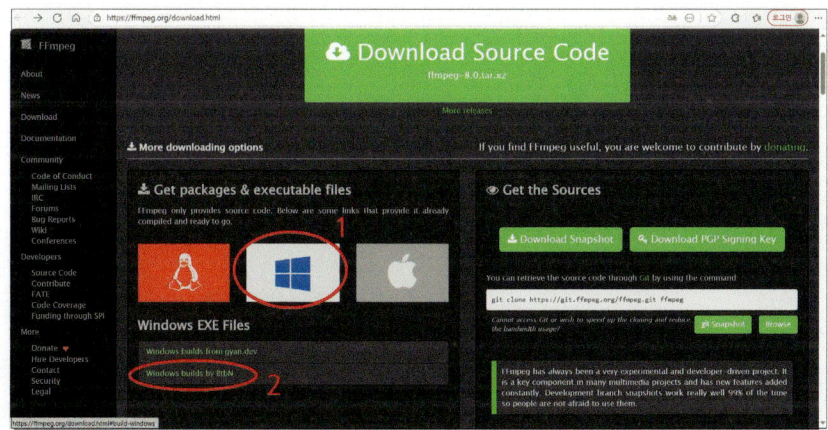

[그림 55] ffmpeg 다운로드 웹페이지

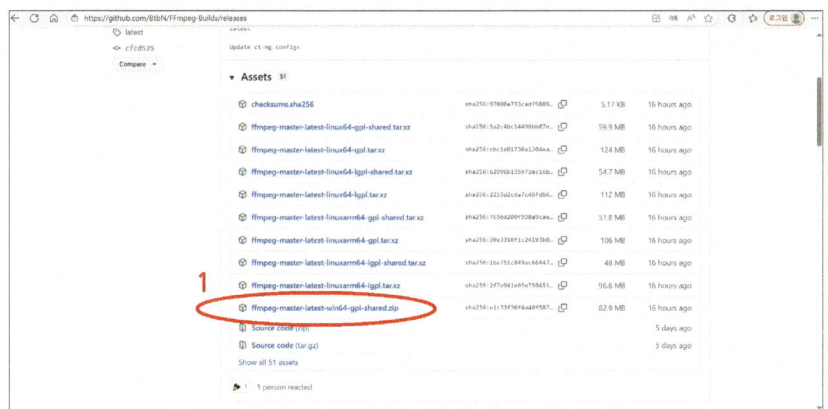

[그림 56] ffmpeg 다운로드 파일들

다운로드받은 zip 압축파일을 윈도우 탐색기를 사용하여 압축을 풀어본다. 물론 다른 압축 해제용 프로그램을 사용해도 무방하다. ffmpeg-master-latest-win64-gpl-shared.zip 파일을 마우스 우측 버튼으로 클릭 후 나타나는 메뉴에서 "연결 프로그램"으로 들어간 후 "Windows 탐색기"를 선택하면 [그림 57]과 같이 압축 파일 내부의 폴더가 우측 1번 영역 창에 나타난다. 1번 영역의 폴더를 클릭 후 Ctrl 키와 C 키를 눌러서 복사한다. 그다음 [그림 58]과 같이 윈도우 탐색기의 1번 영역의 로컬 디스크(C:)를 클릭 후 Ctrl 키와 V 키를 눌러서 붙이면 압축이 풀리면서 2번 영역과 같이 디스크의 C: 위치에 ffmpeg-master-latest-win64-gpl-shared 폴더가 생성된다.

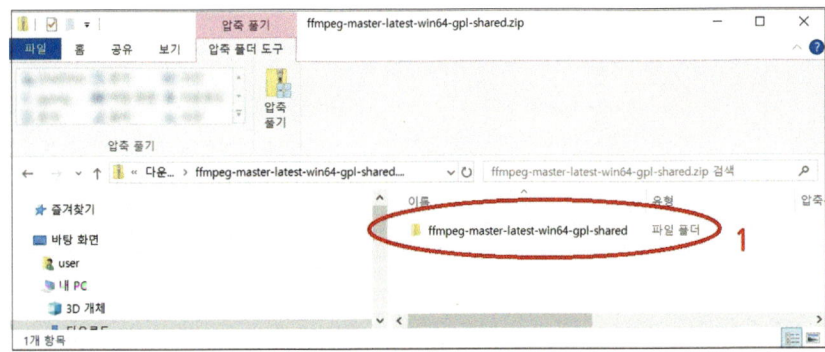

[그림 57] 윈도우 탐색기로 압축 파일 열기

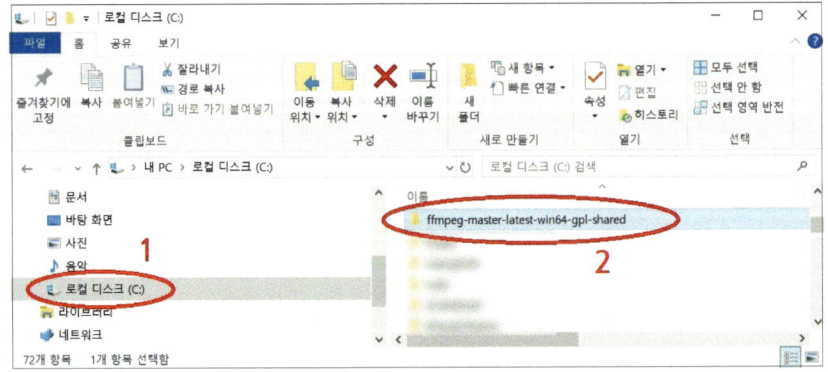

[그림 58] 디스크 C: 위치에 압축 풀기

여기까지 완료되면 ffmpeg이 로컬 디스크 (C:)에 압축이 풀린 상태로 위치하게 된다. 이제 아무 소프트웨어에서라도 ffmpeg을 호출할 수 있도록 경로 지정 작업을 할 것이다. 윈도우 파일 탐색기를 실행하고 [그림 59]의 1번 영역과 같이 로컬 디스크 (C:)를 클릭 후, 2번 영역과 같이 ffmpeg 관련 폴더를 계속 열어 bin이라는 폴더가 나오도록 한 후 좌측 창에서 bin 폴더를 클릭한다. 그 후 3번 영역의 경로 창을 마우스로 끌어서 모두 선택한 후 Ctrl키와 C키를 누른다. 즉 이 경로를 복사한 것이다.

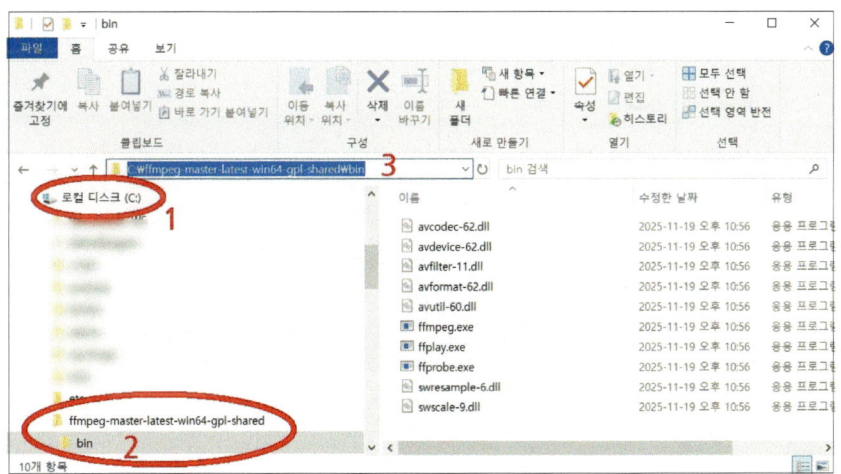

[그림 59] 윈도우 파일탐색기에서 ffmpeg 위치로 이동하기

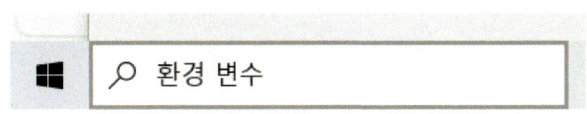

[그림 60] 환경 변수 설정 호출하기

[그림 60]과 같이 윈도우 시작 버튼 우측에 "환경 변수"라고 입력한 후 엔터 키를 누른다.

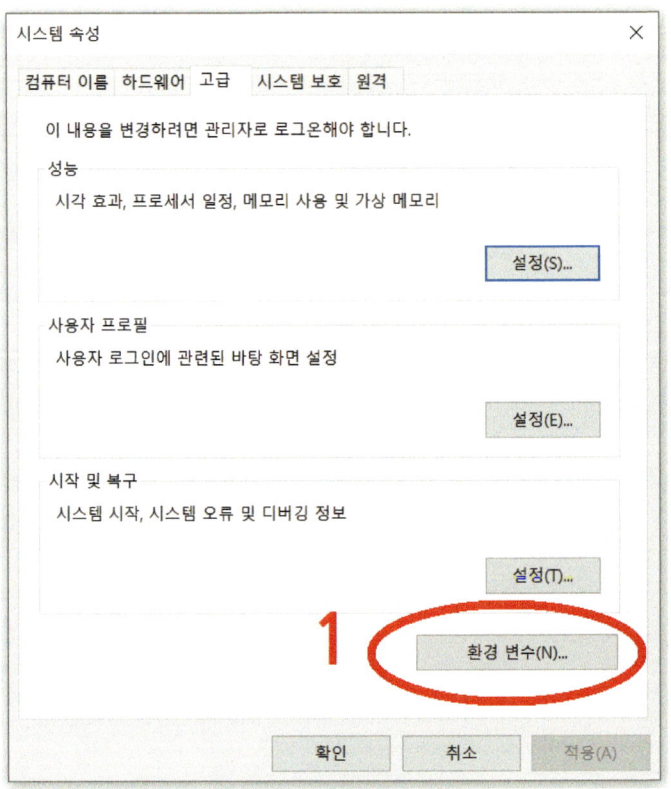

[그림 61] 시스템 속성 창

[그림 61]과 같이 시스템 속성 창이 나타나면 1번 영역의 환경 변수 버튼을 누른다. 그다음 나타나는 [그림 62]의 창의 하단에서 1번 영역과 같이 Path 변수를 찾아 선택한 후 2번 영역의 편집 버튼을 누른다.

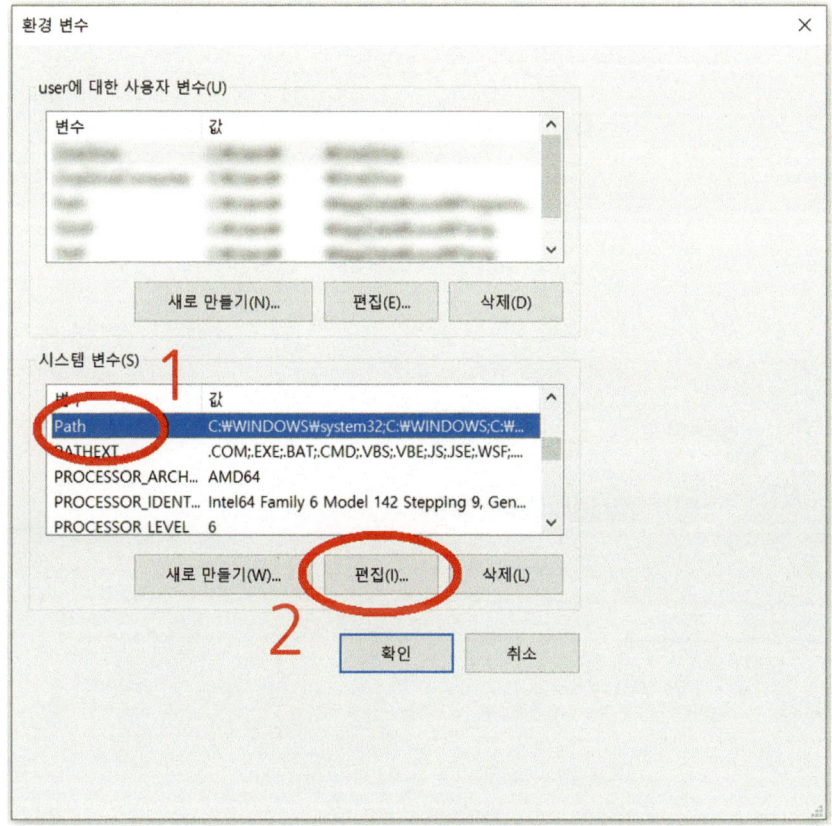

[그림 62] Path 시스템 변수 선택 및 편집 버튼 누르기

그다음 [그림 63]의 환경 변수 편집 창에서 비어 있던 1번 영역을 마우스로 더블클릭한 후 Ctrl키와 V키를 눌러서 조금 전 복사해 놓았던 내용을 붙인다. 이때 위의 과정에서 ffmpeg의 bin 경로를 복사해 놓았던 부분이 붙여진다. 확인을 누른다. 이로서 ffmpeg을 다운로드 받아 압축을 해제했고, ffmpeg 실행 파일을 어디서나 실행할 수 있도록 경로 설정까지 완료하였다.

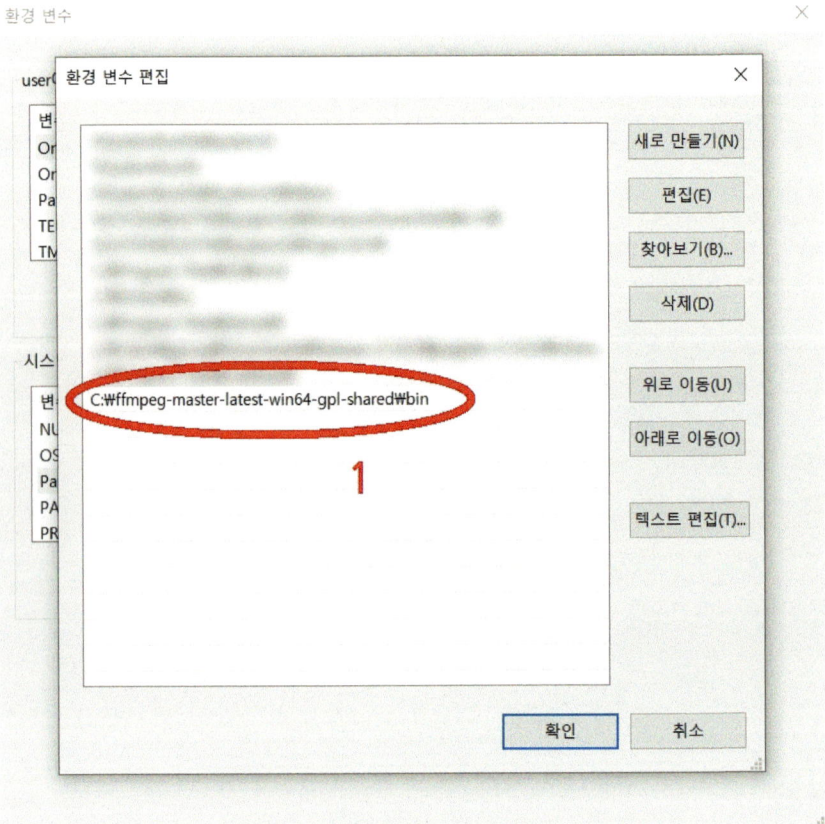

[그림 63] ffmpeg 실행 경로 추가하기

whisper 설치 방법

앞 절에서 진행한 파이썬과 ffmpeg의 설치는 whisper의 실행을 위한 것이다. whisper는 OpenAI 사에서 제공하는 음성을 텍스트로 변환하는 공개 소프트웨어이다. 이제 whisper를 설치해 보자.

[그림 64]와 같이 윈도우의 시작 버튼 우측에 나타나는 창에 cmd라고 입력한 후 엔터 키를 누르면 [그림 65]와 같은 윈도우 명령창이 나타난다.

[그림 64] 윈도우의 명령창 실행하기

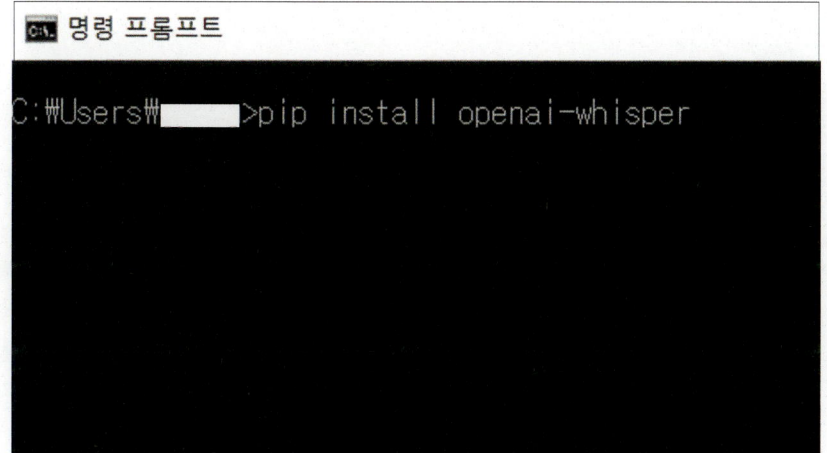

[그림 65] 윈도우 명령창

[그림 65]와 같은 명령창에서 나타나면 다음과 같이 입력 후 엔터를 누르면 whisper 설치가 시작된다. [그림 65]의 예에서 좌측 부분의 흰색 박스 부분은 독자의 화면과 다르게 나타나는 부분이다. (독자 여러분들의 컴퓨터 창에도 본인의 로그인 이름에 따라서 각각 다른 문자가 나타날 것이다.)

pip install openai-whisper

[그림 66]은 whisper의 설치가 완료된 화면이다. [그림 66]의 메시지는 시스템의 환경에 따라 다른 메시지가 나올 수도 있다. [그림 66]에 나타난 자세한 메시지까지 읽을 필요는 없다.

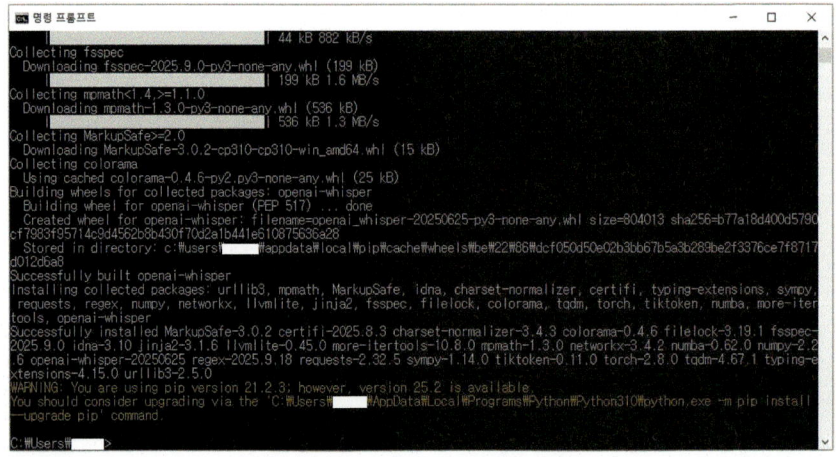

[그림 66] whisper 설치 완료 화면

whisper의 설치는 완료되었지만, 호환성을 위하여 약간의 추가 작업이 필요하다. [그림 67]과 같이 다음 명령을 입력 후 엔터 키를 눌러서 파이썬 3.10과 호환이 잘 안되는 요소를 제거한다.

pip uninstall -y numba llvmlite

이제 [그림 68]과 같이 다음 명령어를 입력 후 엔터 키를 눌러서 파이썬 3.10과 호환이 잘 되는 버전의 요소를 설치한다.

pip install numba==0.57.1 llvmlite==0.40.1

여기까지 완료되었다면 whisper 사용을 위한 준비가 되었다. 이제 whisper로 동영상에서 사람의 음성을 텍스트로 추출해 볼 것이다.

참고로 위 추가 작업은 본서에서 설치하는 파이썬 버전과 현재 집필 시점기준의 whisper 버전의 상호 호환을 위해 필요한 작업이다. 향후 각 소프트웨어의 버전업에 따라서는 위 작업이 필요하지 않을 수도 있고, 다른 추가 작업이 필요할 수도 있다는 점도 알아두자.

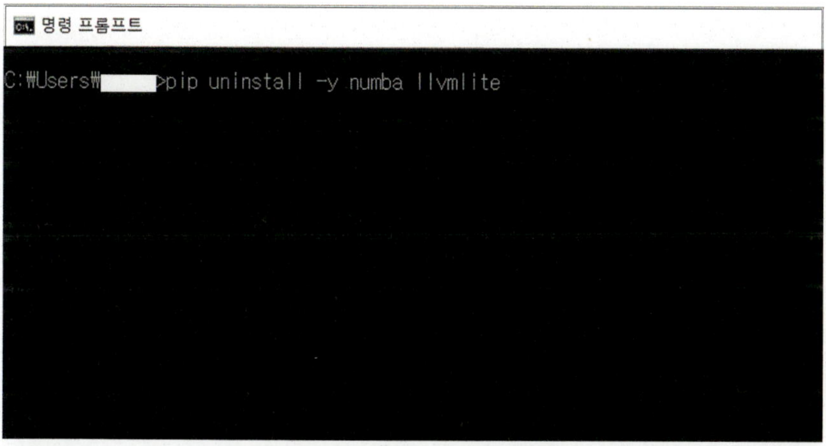

```
C:\Users\■■■■>pip uninstall -y numba llvmlite
```

[그림 67] 비호환 요소 삭제하기

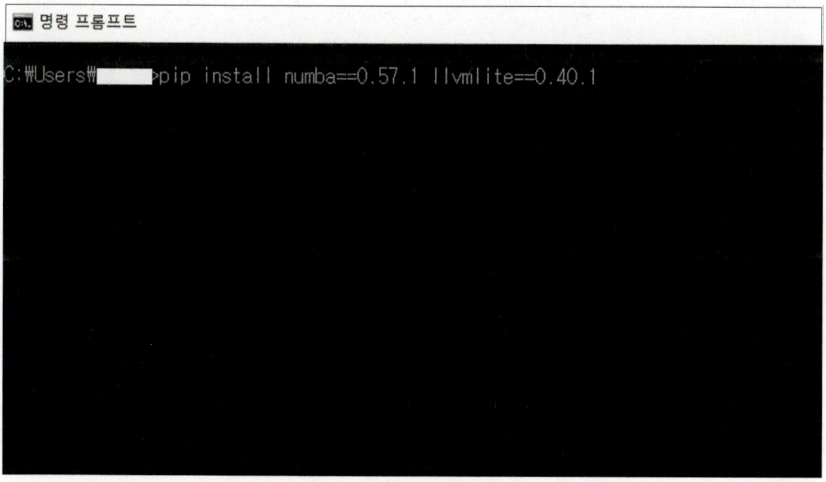

```
C:\Users\■■■■>pip install numba==0.57.1 llvmlite==0.40.1
```

[그림 68] 호환성이 맞는 것으로 다시 설치하기

whisper로 동영상에서 자막 추출하기

윈도우의 파일 탐색기를 사용하여 사람의 음성이 들어가 있는 동영상을 문서 폴더로 복사한다. 물론 다른 폴더로 복사해도 상관은 없지만, 명령창 사용에 능숙하지 않은 독자의 경우를 전제로 쉬운 폴더를 예로 들어 진행한다. 명령창을 열 때는 이전 절의 [그림 64]를 참조하여 윈도우 시작 버튼 우측 빈 입력란에 cmd라고 입력 후 엔터 키를 누르면 된다.

까만색의 명령창이 나오면 다음을 입력 후 엔터를 누른다. 이는 명령창의 작업 위치를 사용자의 문서 폴더로 변경하는 명령이다.

cd Documents

본 예에서는 사람의 음성이 포함되어 있는 speaking.mp4라는 파일을 문서 폴더에 복사해 놓았다. 이제 [그림 69]를 참조하여 명령창에서 다음 명령을 입력 후 엔터 키를 누른다. 이 명령의 내용은 whisper를 사용하여 speaking.mp4 파일 내의 한국어를 추출하는데 결과 파일은 srt 형태로 기록해달라는 의미이다.

whisper speaking.mp4 --model small --language ko --output_format srt

참고로 --model small 부분에서 small 위치에는 tiny, base, small, medium, large 등을 사용할 수도 있는데 small은 속도는 적당하면서도 인식률은 꽤 좋은 모델이다. 더 큰 모델을 사용하면 음성 인식의 정확도는 올라가나 속도가 느려진다.

본 예에서 사용하는 speaking.mp4 파일은 12초 정도의 분량으로 간단한 음성이 기록되어 있다. whisper는 동영상을 분석하여 [그림 70]과 같은 결과를 출력한다. [그림 70]의 실행 결과 중에는 다음과 같은 텍스트가 보이는데, 이는 speaking.mp4 내의 음성을 AI가 분석하여 출력한 결과이다. 추출되는 텍스트는 이렇게 화면으로도 출력되며 speaking.srt라는 파일로도 기록된다. speaking.srt 파일은 다음 장에서 Kdenlive로 불러들여 자동으로 자막을 넣는 과정에 사용될 것이다.

"안녕하세요. 저는 지금 이야기를 하고 있습니다. 제가 말하고 있는 내용이 AI에서 잘 인식이 되고 있는지 확인을 해 주시기 바랍니다."

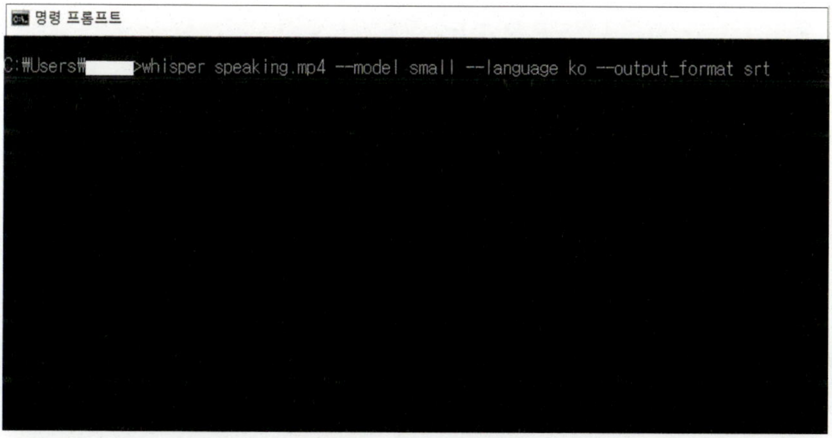

[그림 69] whisper 실행하기

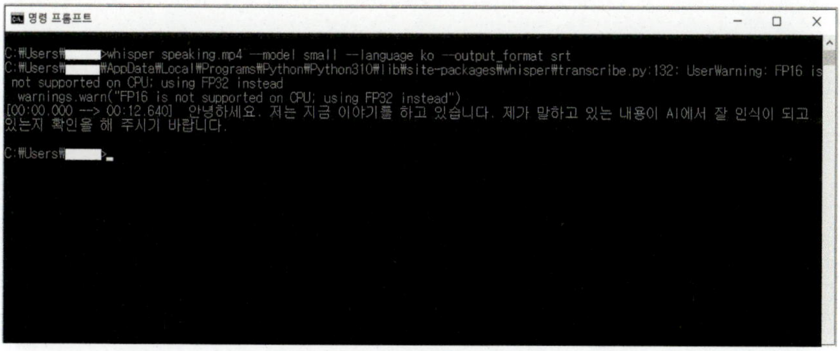

[그림 70] whisper 실행 결과

[그림 71]은 위의 과정에서 생성된 speaking.srt 파일을 윈도우의 메모장으로 열어본 화면이다. 자동으로 추출된 텍스트도 들어 있지만 시간 정보까지 포함된 것을 볼 수 있다. 이 시간 정보를 사용하여 차후에 자동 자막이 처리될 것이다.

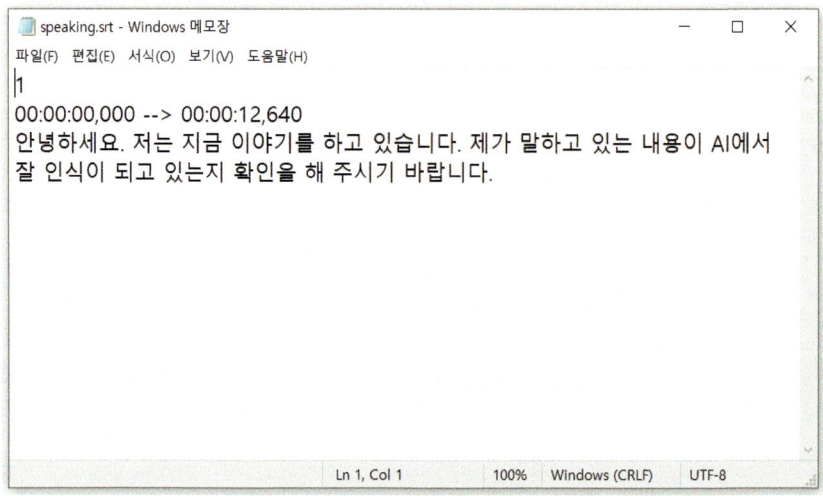

[그림 71] speaking.srt 파일의 내용

    음성 인식을 통해 텍스트를 생성하는 과정은 동영상의 길이, 컴퓨터의 성능에 따라서 소요되는 시간이 다르므로 자신의 컴퓨터에서 짧은 동영상으로 실행 시간을 테스트해 보는 것을 권한다.

    참고로 컴퓨터에 고성능 그래픽카드가 설치되어 있는 경우에는 whisper 명령을 실행할 때 추가적인 옵션을 사용하여 실행 속도를 높일 수도 있다. 고성능 그래픽카드 환경이 갖추어져 있고 컴퓨터에 익숙한 독자들은 추가적인 정보를 찾아 사용해 보기를 권한다.

    본 장에서 설치한 소프트웨어는 향후 업데이트 등의 과정에서 설치 방법이나 파일에 차이가 있을 수 있으므로, 향후 변경된 상황을 만날 경우 본장의 내용을 기반으로 설치 방법에 대한 추가적인 확인이 필요할 수도 있다.

6

자동 자막 넣기

자동 자막 넣기   6

앞 장에서 whisper를 사용하여 speaking.mp4 동영상 내의 사람 음성을 텍스트로 추출해 보았다. 텍스트로 추출된 결과는 화면에도 출력되었고 동영상 파일과 이름 부분이 동일한 speaking.srt라는 파일로도 기록이 되었다. 그 흐름은 다음과 같다.

speaking.mp4(동영상 파일) ⇒ whisper ⇒ speaking.srt(자막 파일) 생성

이번에는 speaking.srt 파일 내의 자막을 speaking.mp4 동영상 파일 내에 자동으로 삽입해 볼 것이다. 화면에 자막을 삽입하는 작업은 Kdenlive에서 이루어진다. 그 흐름은 다음과 같다.

speaking.mp4 + speaking.srt ⇒ Kdenlive ⇒ 자막이 삽입된 speaking.mp4

[그림 72] speaking.mp4 동영상 파일의 화면

본 장의 예에서 사용할 speaking.mp4 동영상 파일의 화면은 [그림 72]와 같은 내용으로 고정되어 있다. 자막 사용 기능에만 집중할 수 있도록 화면은 간단하게 구성하였다.

자동으로 자막 넣기

Kdenlive를 사용하여 자동으로 자막을 삽입하기 위해서는 다음과 같은 두 가지 파일이 필요하다.

동영상 파일 + 자막용 SRT 파일

먼저 speaking.mp4 파일을 [그림 73]의 1번 영역으로 끌어서 불러들였다. 다시 이 파일을 하단의 타임라인으로 끌어서 첫 번째 트랙에 위치시켰다. 이제 자막 파일을 불러오기 위하여 [그림 74]의 1번 영역의 Project, 2번 영역의 Subtitles, 3번 영역의 Import Subtitle File 메뉴를 순서대로 누른다.

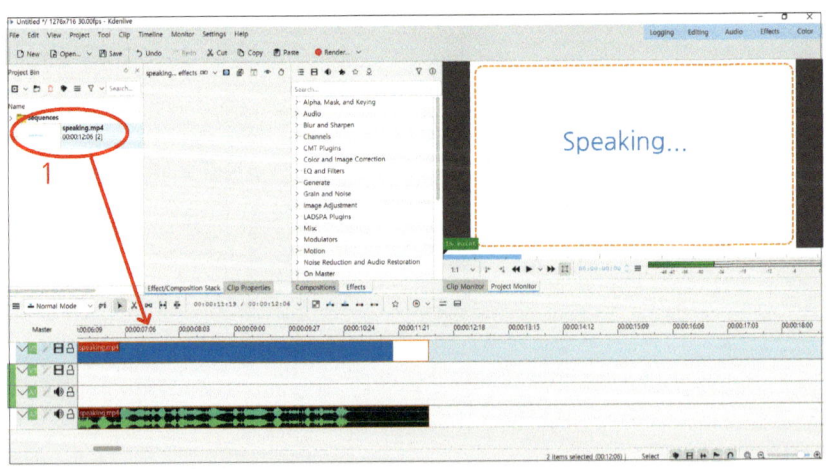

[그림 73] speaking.mp4 동영상 파일 불러오기

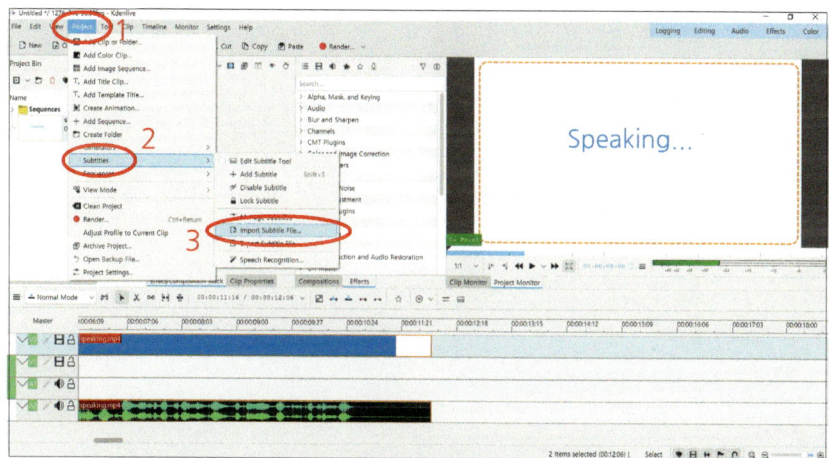

[그림 74] 자막 파일 불러오기 메뉴

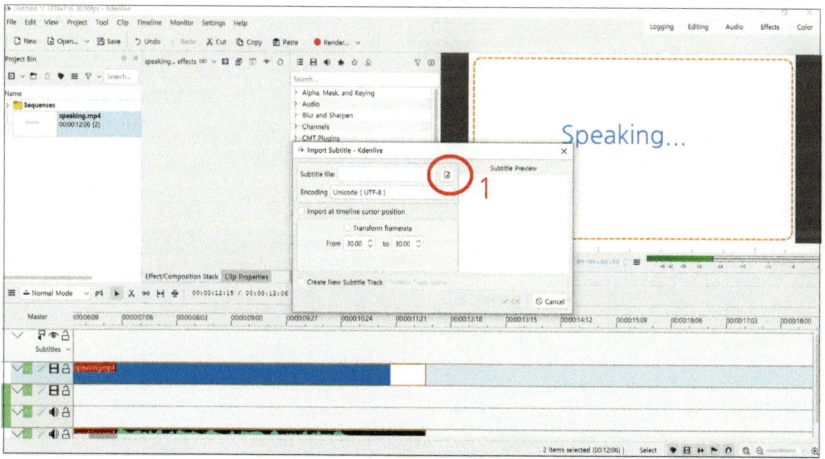

[그림 75] 불러올 자막 파일 찾기 창

[그림 75]와 같은 창이 나타나면 [그림 75]의 1번 영역 내의 찾기 버튼을 눌러서 speaking.srt 자막 파일을 찾아 자막 파일을 불러온다.

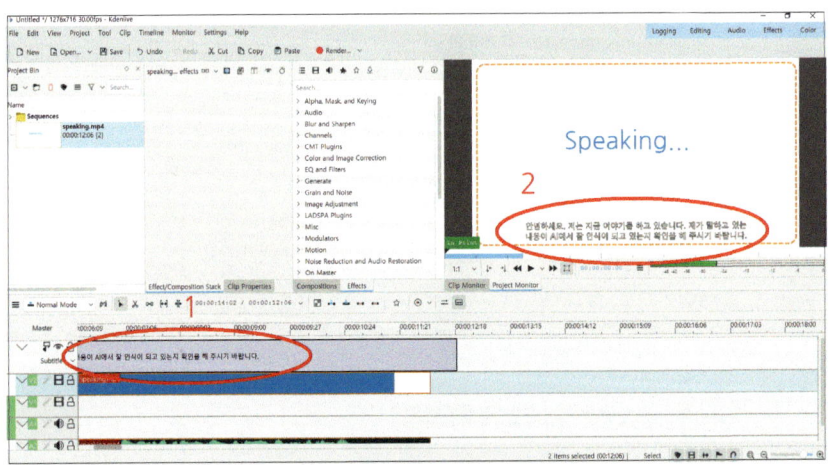

[그림 76] 자막 파일을 불러온 결과

    자막 파일을 불러오면 [그림 76]의 1번 영역에 자동으로 자막 트랙이 만들어진다. 2번 영역에는 자동으로 자막이 삽입된 비디오 미리보기가 나타난다. 즉 자동으로 자막이 삽입된 것이다. 이 상태에서 Ctrl 키와 Enter 키를 눌러서 동영상을 내보내면 자막이 삽입된 동영상이 완성된다.

    한편 이렇게 기본적으로 생성된 자막을 그대로 사용할 수도 있지만, 글꼴 변경, 글꼴 크기 변경, 자막의 위치 변경 등 세부 사항을 지정할 수도 있다. [그림 77]의 1번 영역의 자막 트랙을 클릭하면 2번 영역과 같이 자막의 속성을 편집할 수 있는 자막 편집 창이 나타난다. 이 창에서 글꼴, 글꼴 효과, 자막의 위치 등을 편집할 수 있다.

    [그림 78]에서는 1번 영역에서 자막 텍스트를 마우스로 끌어서 선택했고, 2번 영역의 A 모양 아이콘을 눌러서 글꼴 변경을 하도록 했다. 이때 나타나는 창에서 3번 영역과 같이 새로운 글꼴을 선택하고, 4번 영역과 같이 글꼴 크기를 선택한 후 OK 버튼을 누르면 자막 글꼴이 변경된다. 이때 글꼴은 자신에게 사용권이 있는 글꼴인지가 매우 중요하므로 반드시 확인 후 사용을 해야 법적인 문제를 예방할 수 있다. 혹은 무료 공개 글꼴을 사용하는 방법도 있을 것이다.

CHAPTER 06 자동 자막 넣기 • 89

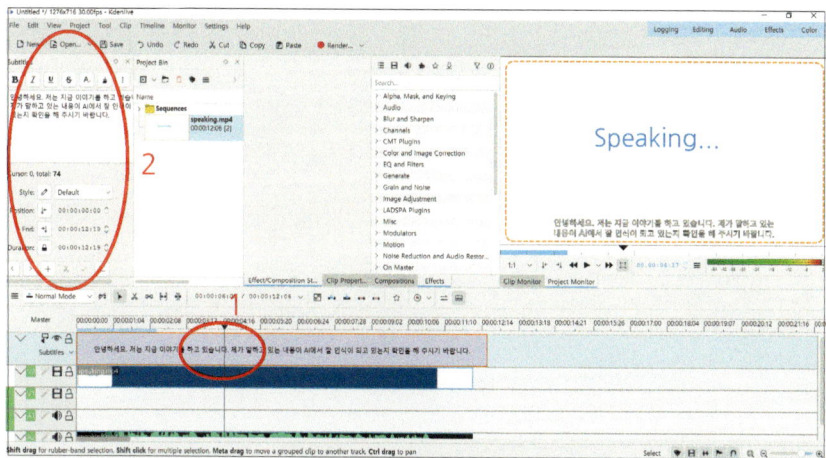

[그림 77] 자막 편집 창 나타내기

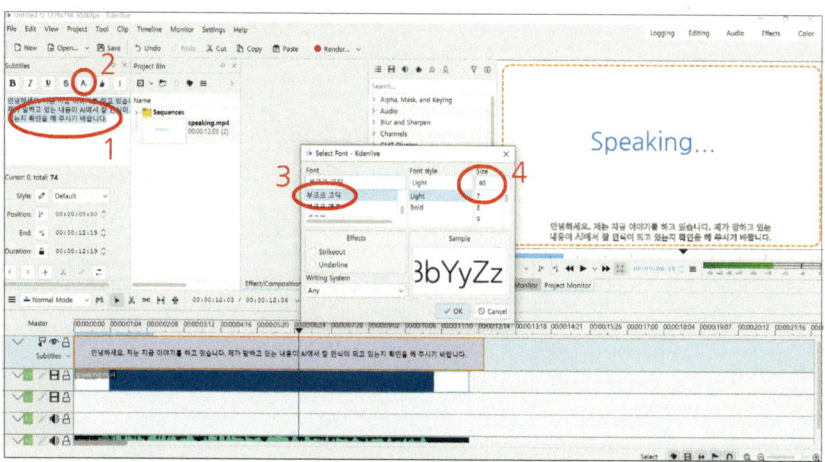

[그림 78] 자막 글꼴 변경하기

[그림 79]는 글꼴이 변경된 결과이다. 한편 [그림 79]의 1번 영역에 특이한 문자들이 보이는데 이는 새로운 글꼴, 크기 등에 대한 내부적인 효과 표시이며 2번 영역과 같이 타임라인의 자막 트랙에도 나타난다. 하지만 3번 영역과 같이 최종 비디오에서는 보이지 않으니 그대로 사용하면 된다.

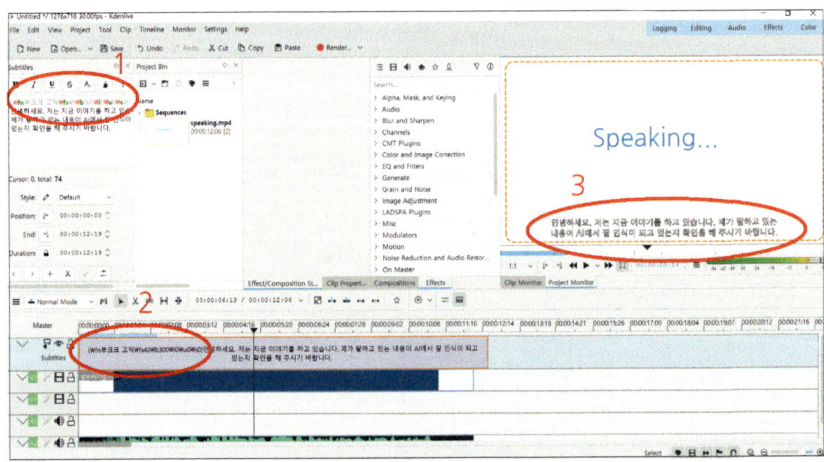

[그림 79] 글꼴 변경 결과

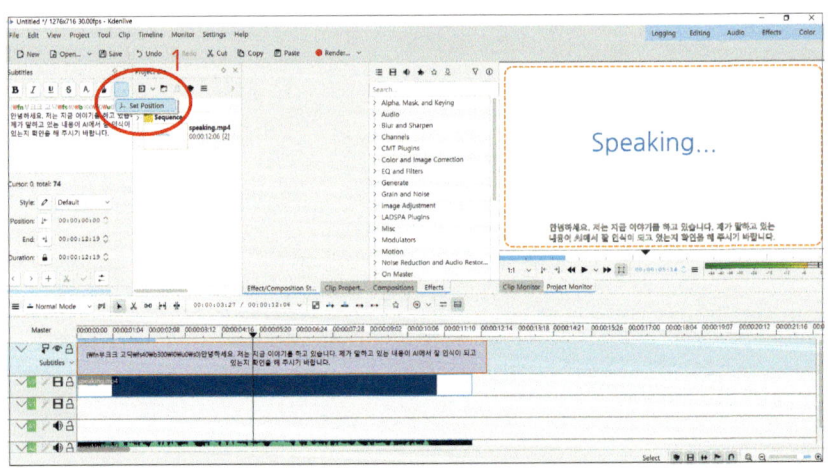

[그림 80] 자막 위치 바꾸기 선택

자막이 나타나는 위치를 변경해 볼 것이다. [그림 80]의 1번 영역에 점이 3개로 보이는 부분을 클릭한 후 1번 영역의 Set Position을 선택하면 X와 Y 좌표 입력 창이 나타나는데 본 예에서는 X는 600, Y는 150의 값을 각각 입력하였다.

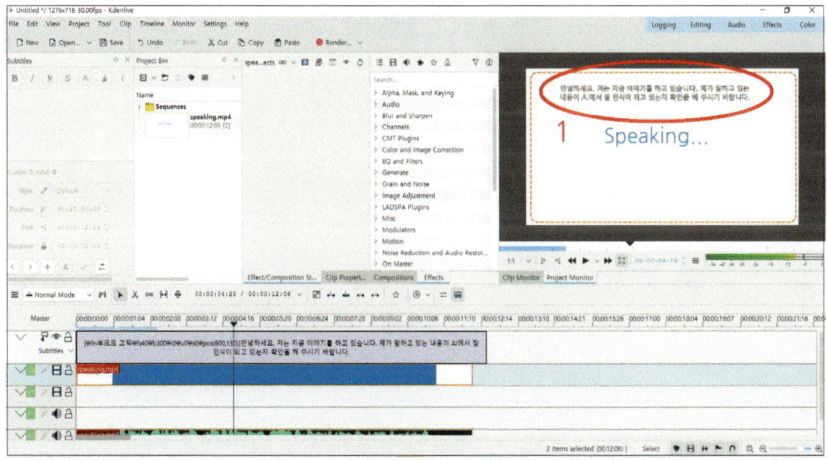

[그림 81] 자막 위치 변경 결과

[그림 81]의 1번 영역을 보면 자막의 위치가 변경된 결과를 확인할 수 있다. 이렇게 SRT 방식의 자막 파일을 동영상의 자막으로 사용하는 방법을 알아보았다. 이 상태에서 Ctrl 키와 Enter 키를 눌러서 동영상을 내보내면 자막이 삽입된 동영상이 생성된다.

참고로 자막 편집 창은 다른 트랙을 클릭하면 비활성 상태가 되므로 자막 편집을 위해서는 꼭 자막 트랙을 선택한 상태여야 한다. 본 절의 예에서는 한 화면의 자막만을 편집해 보았는데, 다음 절에서는 모든 화면의 자막에 한꺼번에 효과를 적용하는 방법도 알아볼 것이다.

여러 화면 자막 처리하기

앞 절에서는 한 화면에만 나타난 자막 기능을 확인해 보았다. 이번 절에서는 여러 화면에 나타나는 자막을 처리해 볼 것이다. 본 절에서는 [그림 82]와 같이 거위가 등장하며 거위의 행동을 설명하는 나레이션이 사람 음성으로 포함되어 있다. 이 동영상의 사람 음성을 자동으로 추출한 후 다시 동영상에 자막으로 입혀볼 것이다.

[그림 82] 자동 자막 처리 대상 동영상

[그림 83]과 같이 윈도우의 시작 버튼 우측에 나타나는 창에 cmd라고 입력한 후 엔터 키를 누르면 [그림 84]와 같은 윈도우 명령창이 나타난다.

[그림 83] 윈도우의 명령창 실행하기

[그림 84]의 명령창에서는 1번 영역과 같이 cd Documents라고 입력한 후 엔터 키를 누르면 명령창의 현재 작업 폴더가 문서 폴더로 작업 위치가 변경된다. 물론 어느 폴더에서 작업을 해도 문제는 없지만 명령창 사용에 어려움을 느끼는 독자들을 위하여 문서 폴더를 기준으로 하였다. 문서 폴더에는 자막 처리의 대상이 되는 goose.mp4 동영상 파일을 미리 복사해 놓았다.

[그림 84] 명령창

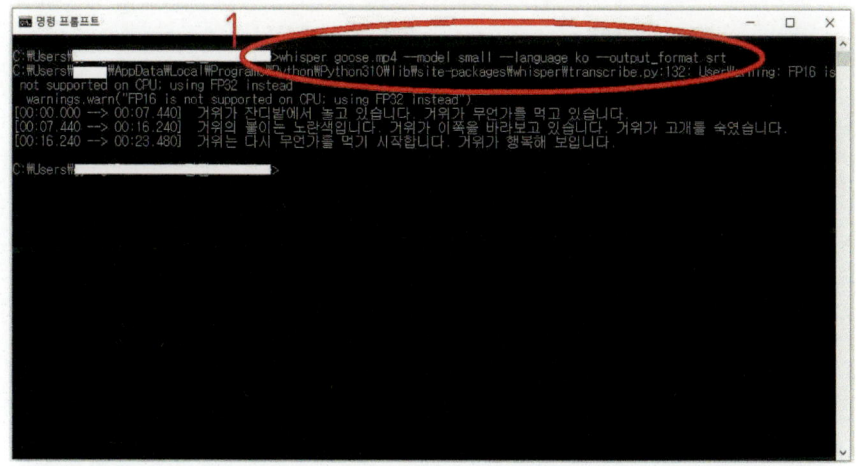

[그림 85] 자동 자막 추출

[그림 85]에서는 1번 영역과 같이 명령을 입력 후 엔터를 누른다. 1번 영역에 입력한 명령은 다음과 같다.

whisper goose.mp4 --model small --language ko --output_format srt

위 명령의 방식은 앞 절에서 사용한 것과 내용은 같다. 다만 대상 파일만 본 절의 동영상 파일 이름인 goose.mp4로 변경하였다. [그림 85]의 1번 영역 아래 내용을 보면 자막이 추출된 결과를 화면에 출력하고 있다. 모든 자막의 추출이 끝나면 그 결과는 goose.srt라는 이름의 파일에 시간 정보와 함께 저장된다.

[그림 86]은 goose.srt 파일을 윈도우의 메모장으로 불러온 화면이다. 각 화면의 시간대별로 자막이 여러 단위로 생성된 것을 볼 수 있다. 자막 텍스트 위의 시간 표시는 자막이 비디오에 나타날 시간 범위를 의미한다.

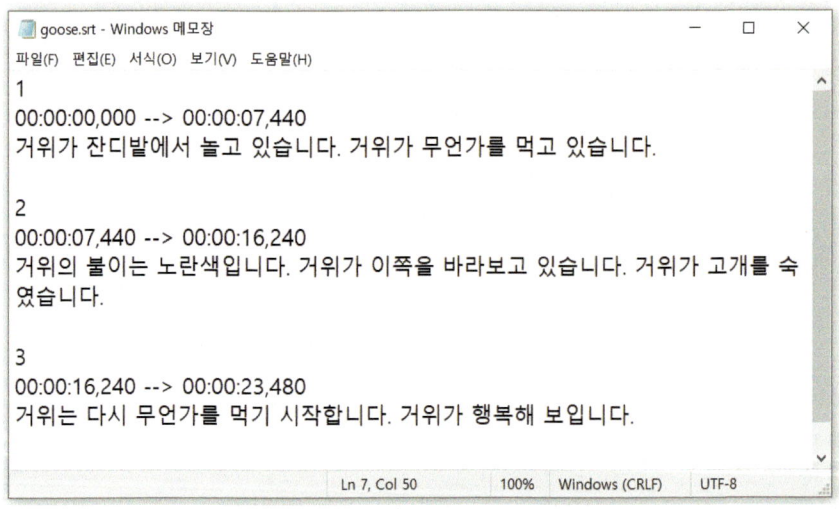

[그림 86] goose.srt 자막 파일의 내용

[그림 87]과 같이 goose.mp4 파일을 Project Bin 창 영역으로 끌어와서 불러온 후, 다시 1번 영역의 goose.mp4 파일을 하단 타임라인의 첫 번째 트랙으로 끌어서 위치시켰다.

[그림 88]의 1번 영역의 Project 아래, 2번 영역의 Subtitles 아래, 3번 영역의 Import Subtitle File을 클릭하여 자막 파일인 goose.srt 파일을 불러오도록 한다.

CHAPTER 06 자동 자막 넣기 • 95

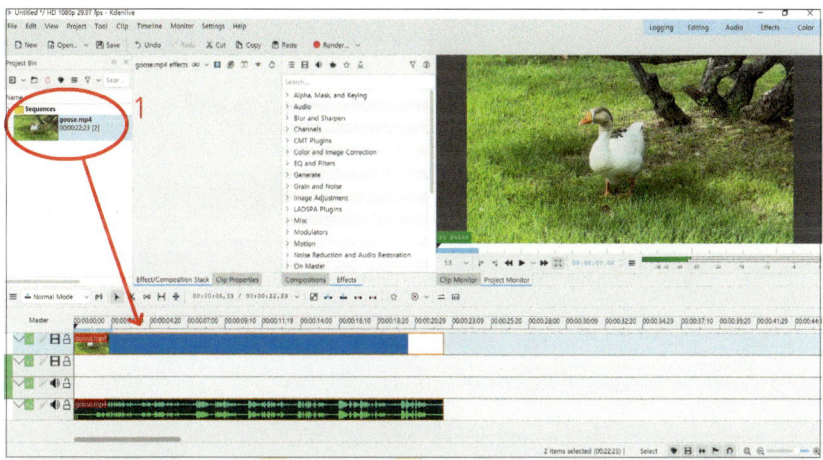

[그림 87] goose.mp4 파일 불러오기

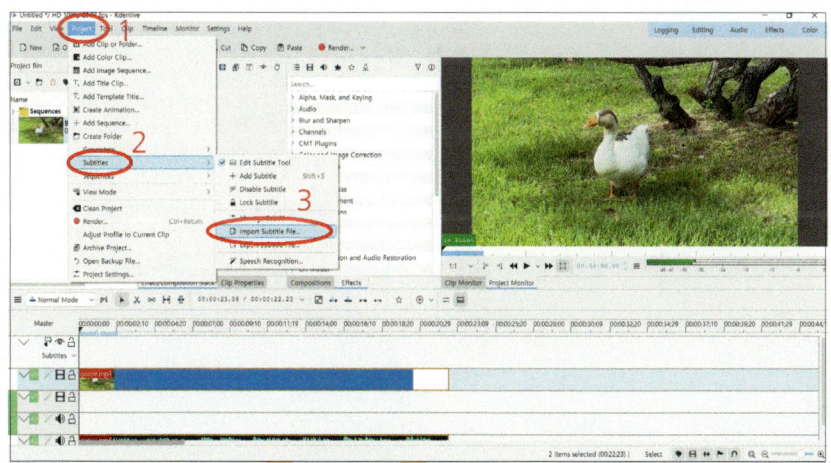

[그림 88] goose.srt 자막 파일 불러오기

[그림 89]의 1번 영역을 보면 자막 트랙이 자동으로 생성된 것을 볼 수 있다. 2번 영역과 같이 자막을 포함하는 시간대의 타임라인을 누르면, 3번 영역과 같이 자막이 입혀진 미리보기 결과를 볼 수 있다.

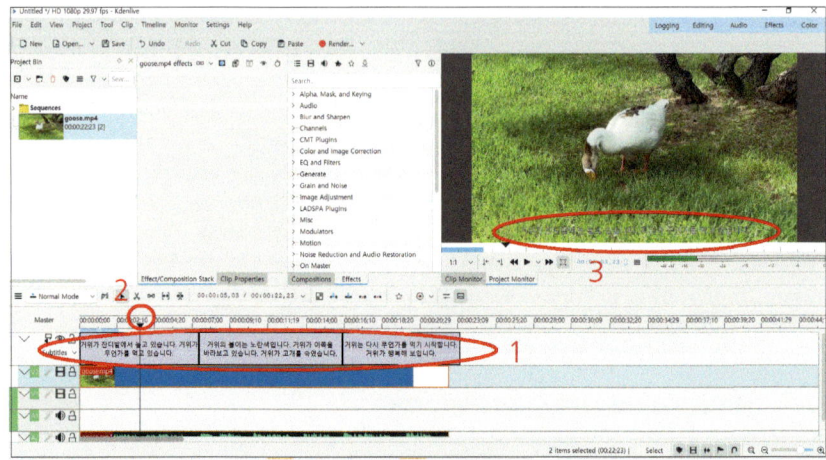

[그림 89] 자막 추가 결과

[그림 89]의 3번 영역을 보면 자막의 글꼴이 너무 작아서 식별이 어려운데, 이는 글꼴 크기를 조정하여 해결해 볼 것이다. 그리고 [그림 89]에서 작아서 잘 보이지 않지만, 두 번째 자막 영역에는 자동 음성 인식 과정에서의 오인식으로 인해 철자가 틀린 부분이 있다. 이 부분도 편집을 통해 수정해 볼 것이다.

[그림 90]의 1번 영역 내의 자막 부분을 클릭하면 자막 속성 조절 창이 좌측 상단에 나타난다. 2번 영역 부분을 보면 '부리'가 '불이'로 음성인식 오류가 발생한 부분이 보인다. 2번 영역에서 직접 타이핑하여 '불이'를 '부리'로 수정한다. 이런 방식으로 최종적인 자막의 확인 및 수정 작업이 가능하다.

모든 화면의 전체 자막에 대한 속성을 변경해 보자. [그림 91]의 1번 영역에는 'Subtitle v'와 같은 메뉴가 위치하는데, 우측 v 부분을 클릭하면 나타나는 세부 메뉴 중 Manage를 누르면 전체 자막의 속성을 조절하는 [그림 92]와 같은 창이 나타난다.

본 절에서는 자막 글꼴의 종류, 크기, 테두리의 두께를 조절해 볼 것이다. 이를 위해 [그림 92]의 1번 영역의 Styles 탭을 누른 후, 2번 영역의 Edit 버튼을 누른다.

CHAPTER 06 자동 자막 넣기 • 97

[그림 90] 자막 문자 수정하기

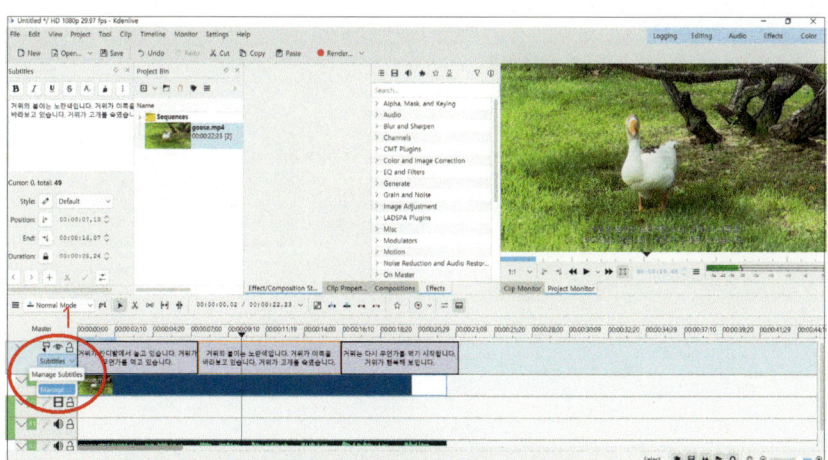

[그림 91] 전체 자막 효과를 위한 Manage Subtitles 메뉴

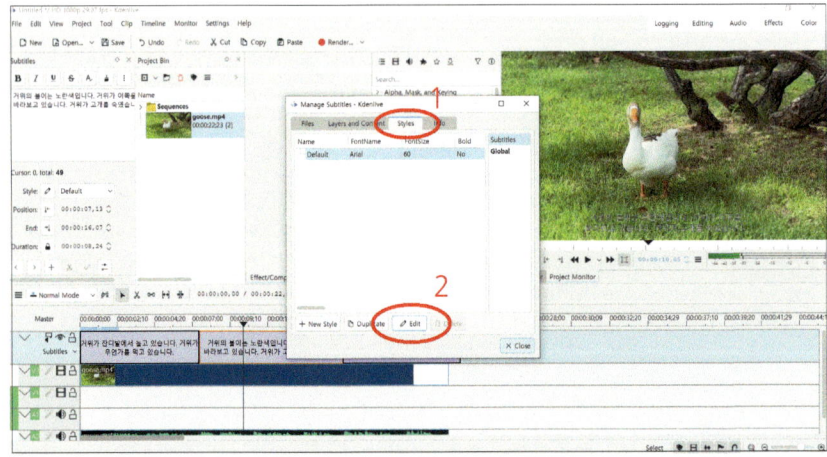

[그림 92] Manage Subtitles 창

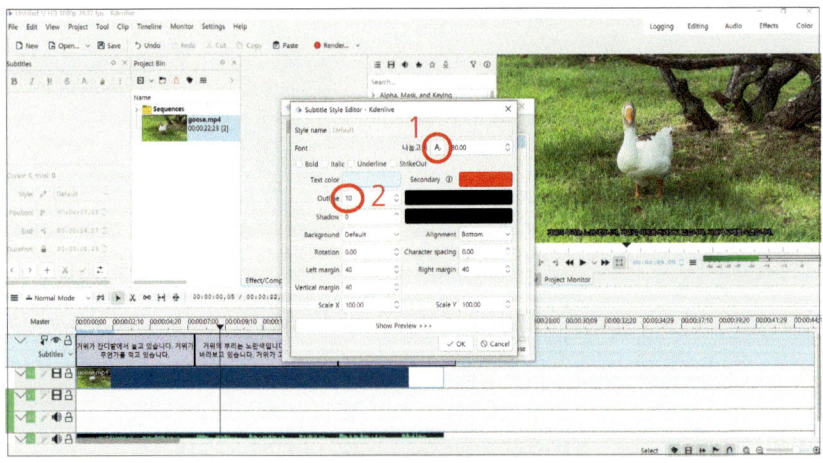

[그림 93] 자막 글꼴 속성 변경

[그림 93]과 같은 자막 스타일 변경 창에서는 1번 영역 A 버튼을 눌러 글꼴을 바꾸고 크기는 80을 입력하였다. 2번 영역 Outline에 10을 입력하여 자막의 글꼴 테두리를 더 두껍게 하였다.

그 외에도 Text color를 선택하여 글꼴 색상을 변경하거나, Alignment를 선택하여 자막의 위치를 변경하는 기능도 있는데, 본 절에서는 핵심 기능의 이해를 위해 글꼴 종류, 글꼴 크기, 글꼴 테두리의 두께만 조절해 보도록 한다. 필요할 경우 [그림 93]의 화면에서 추가 조절을 할 수 있다. OK 버튼을 눌러서 완료한다.

[그림 94]에서 자막의 속성이 수정된 결과를 확인할 수 있다. 1번 영역 부분의 타임라인 시간을 클릭하면 2번 영역과 같이 글꼴이 변경되고, 글꼴의 크기가 커졌고, 글꼴의 테두리도 더 두꺼워진 것을 확인할 수 있다. 지금 진행하였듯이 자막 트랙 좌측에 있는 Subtitles 아래의 Manage 버튼을 사용하면 동영상 전체의 모든 자막에 대하여 속성을 한꺼번에 변경할 수 있으므로 편리하다.

[그림 94] 자막 속성 수정 결과

Manage 버튼을 사용하여 만들 수 있는 실용적인 효과를 하나 더 적용해 본다. 위 예에서는 [그림 93]의 자막 속성 변경 창에서 글꼴과 관련된 설정만 변경해 보았다. 다시 [그림 93]의 화면까지 이동한다. 그 상태에서 [그림 95]의 1번 영역과 같이 Background 항목을 원래 설정값인 Default에서 Box as Outline으로 변경해 본다. OK 버튼과 Close 버튼을 누르면 자막 배경 변경이 완료된다.

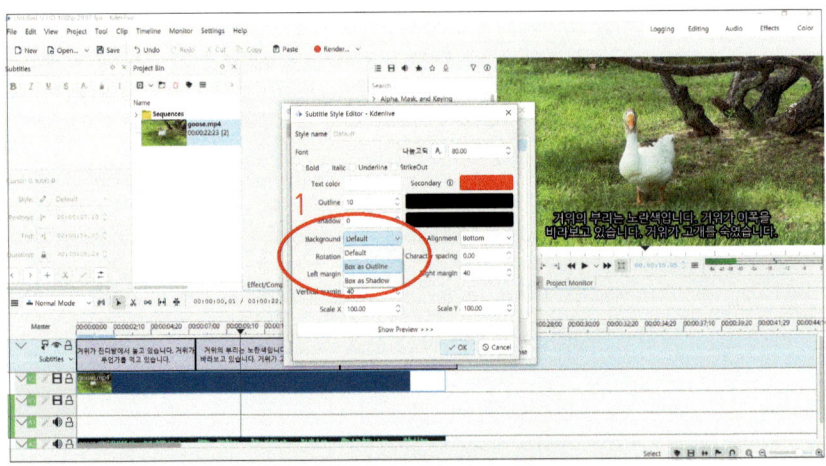

[그림 95] 자막 배경 바꾸기 선택

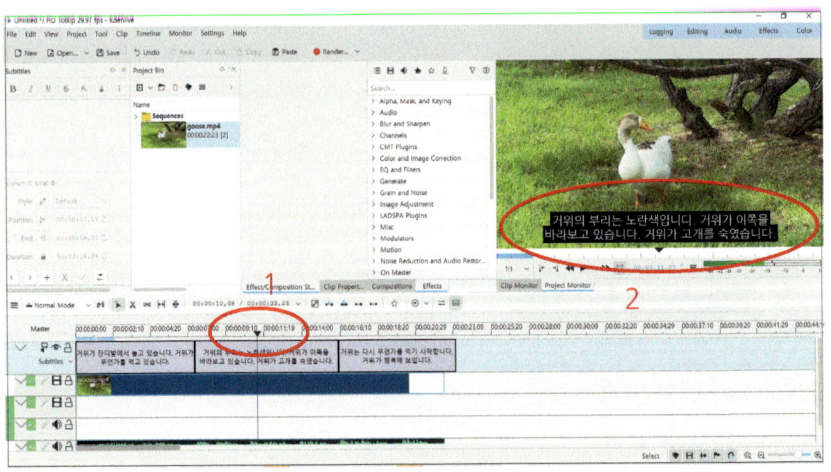

[그림 96] 자막 배경 변경 결과

[그림 96]에서 자막이 포함된 타임라인 부분인 1번 영역을 클릭하면 2번 영역과 같이 문자 테두리 색과 동일한 배경을 가진 자막이 생겨난 것을 볼 수 있다.

7

외국어 자막 넣기

외국어 자막 넣기　　7

본 장에서는 한글 자막을 외국어로 번역하여 넣는 과정을 설명하며, 바로 앞 장인 6장의 예제에 이어서 진행한다.

자막 번역하기

외국어 자막을 다는 방법은 앞에서 알아본 방법과 다를 것이 없다. 다만 SRT 파일을 미리 외국어로 번역하여 사용하면 된다. SRT 파일을 외국어로 번역하는 방법은 구글사의 Gemini나 OpanAI사의 ChatGPT와 같은 인공지능 서비스에 SRT 파일의 내용을 복사하여 번역하거나 파일 자체를 업로드하여 번역할 수도 있으므로 자신에게 편리한 방법을 사용하면 된다. 본 예에서는 구글의 Gemini를 이용해 볼 것이다. 다음 Gemini의 웹사이트 주소를 웹 브라우저의 주소창에 입력 후 엔터 키를 누른다.

https://gemini.google.com

먼저 앞의 과정에서 goose.mp4 동영상을 whisper로 처리하여 생성한 자막 파일인 goose.srt 파일의 내용을 확인해 보자. [그림 97]은 goose.srt 파일을 윈도우 운영체제의 메모장으로 끌어와서 불러온 화면이다. goose.srt 파일의 내용은 시간과 자막을 구성하는 텍스트로 이루어져 있다.

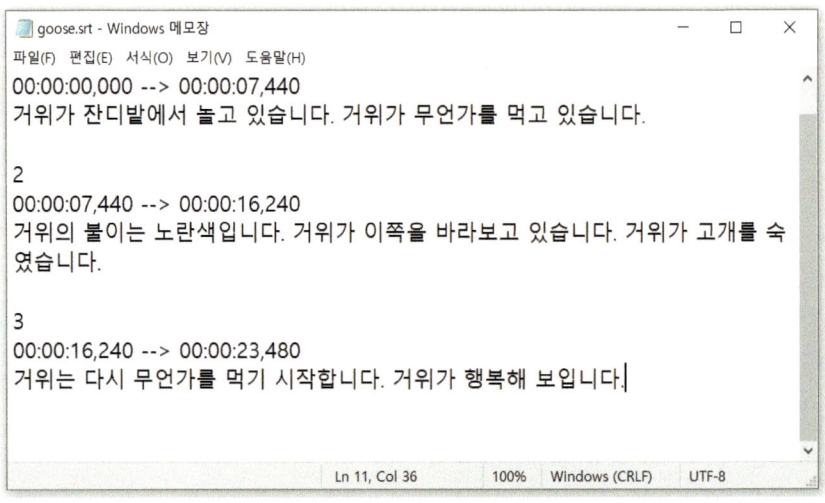

[그림 97] goose.srt 파일의 내용

[그림 97]의 내용을 복사를 하고자 할 경우 동영상의 길이가 긴 경우 [그림 97]의 모든 영역의 텍스트를 마우스로 끌어서 선택하기에는 어려움이 있을 수 있다. 이런 경우에는 [그림 97]과 같은 메모장 내의 아무 곳이나 클릭 후 Ctrl 키와 A 키를 동시에 누르면 모든 텍스트가 선택된다. 이 상태에서 Ctrl 키와 C 키를 누르면 선택된 텍스트가 복사된다.

> 1
> 00:00:00,000 --> 00:00:07,440
> 거위가 잔디밭에서 놀고 있습니다. 거위가 무언가를 먹고 있습니다.
>
> 2
> 00:00:07,440 --> 00:00:16,240
> 거위의 불이는 노란색입니다. 거위가 이쪽을 바라보고 있습니다. 거위가 고개를 숙였습니다.
>
> 3
> 00:00:16,240 --> 00:00:23,480
> 거위는 다시 무언가를 먹기 시작합니다. 거위가 행복해 보입니다.
>
> 위 자막을 영어로 번역해줘.

[그림 98] Gemini에 자막 텍스트 번역 요청

[그림 98]과 같이 Gemini의 채팅 창에서 Ctrl 키와 V 키를 눌러서 자막의 내용을 복사한 후 "위 자막을 영어로 번역해 줘."와 같은 명령을 추가한 후 Enter 키를 누르면 자막을 번역할 수 있다. [그림 99]는 번역이 완료된 결과이다. 현재 예제의 텍스트는 양이 많지 않지만, 동영상의 길이가 긴 경우에 번역된 결과물의 양이 많으면 마우스를 이동하여 선택하기가 어려울 수도 있다. 이 경우 [그림 99]의 1번 영역의 복사 버튼을 누르면 텍스트 내용이 쉽게 복사된다.

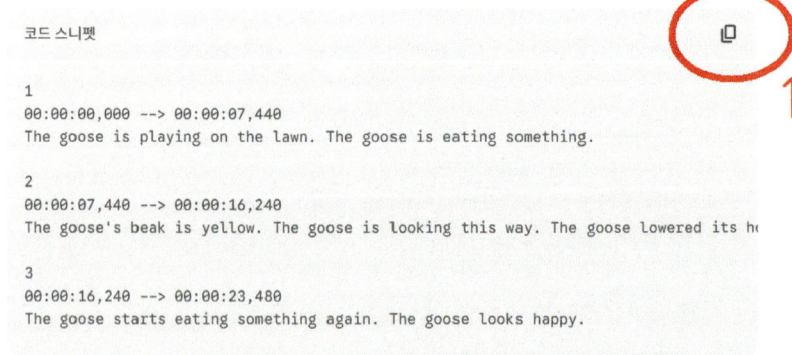

[그림 99] Gemini의 자막 번역 결과 (출처: 구글 Gemini)

[그림 100]은 메모장에서 Ctrl 키와 V 키를 눌러서 [그림 99]에서 복사한 번역 텍스트를 붙여넣은 결과이다. 이 메모장의 내용을 다시 goose.srt로 저장하였다. 이제 goose.srt는 영문 자막 파일이 되었다.

외국어 자막 넣기

앞의 과정에서 만들어 놓은 한글 자막을 삭제해 보자. 처음부터 다시 시작하여 외국어 자막 SRT 파일을 불러와도 되지만, 본 예에서는 앞의 과정에 이어 진행하므로 기존에 작업하던 한글 자막의 삭제가 필요하다. [그림 101]의 1번 영역에 있던 클립들을 클릭하여 선택 후 Delete를 눌러서 모두 삭제하면 생성했던 자막이 삭제된다. 이제 영문 자막 파일인 goose.srt 파일을 불러오기 위하여 [그림 102]의 1번 영역의 Project, 2번 영역의 Subtitles, 3번 영역의 Import Subtitle File 메뉴를 차례로 선택한 후 goose.srt 파일을 불러온다.

CHAPTER 07 외국어 자막 넣기 • 107

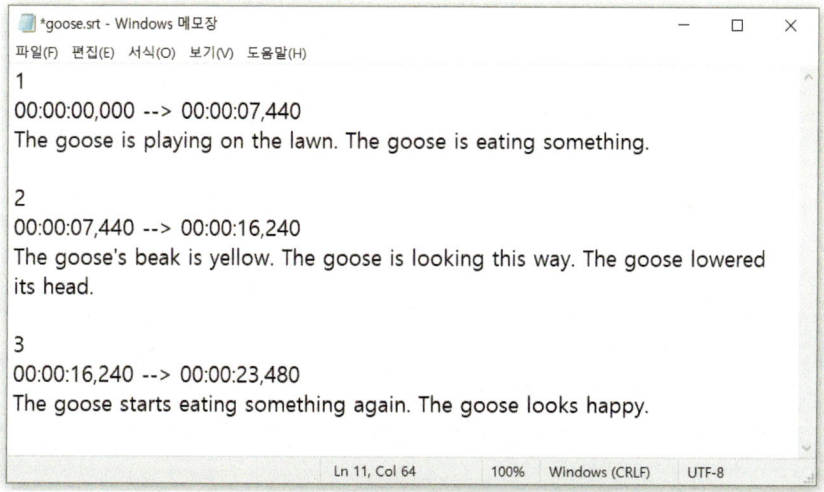

[그림 100] 번역된 자막을 붙여 넣은 goose.srt 파일

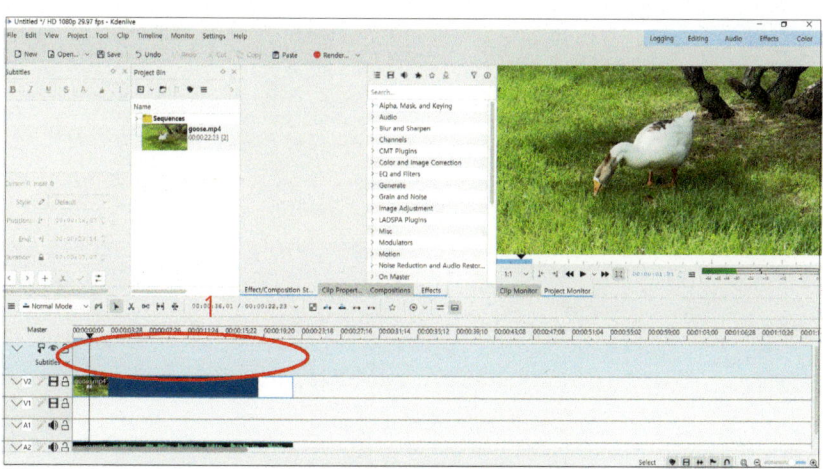

[그림 101] 기존 자막 클립 삭제

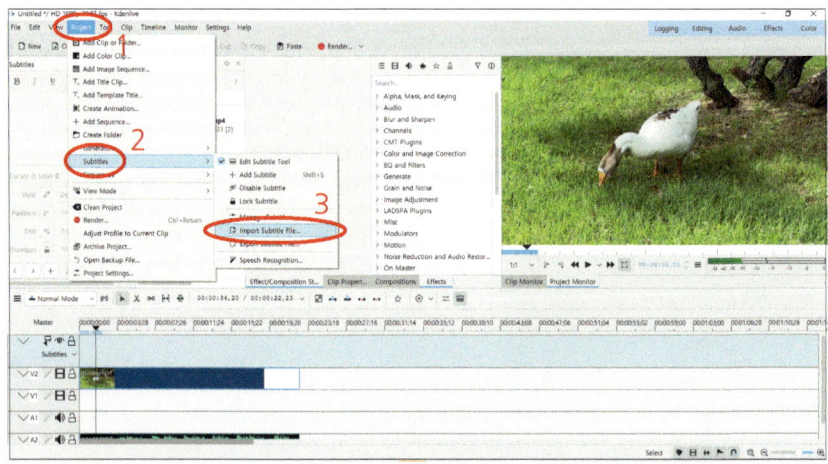

[그림 102] 자막 파일 불러오기

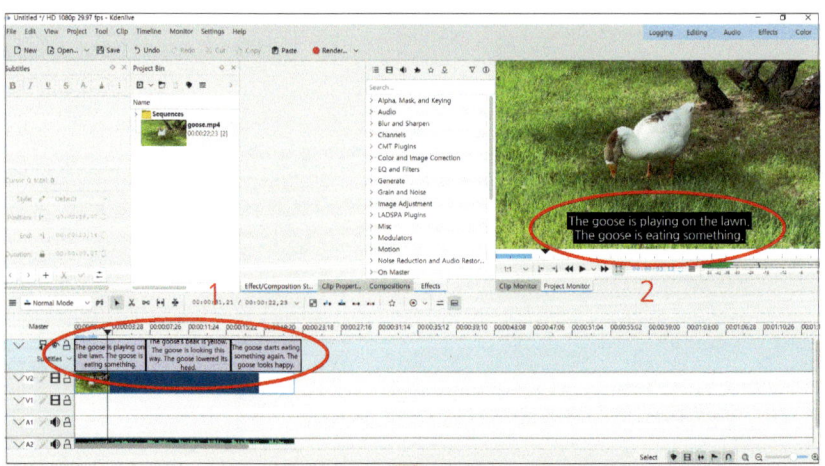

[그림 103] 영문 자막 파일을 불러온 결과

[그림 103]은 영문 자막 파일인 goose.srt 파일을 불러온 결과이다. 1번 영역과 2번 영역에서 영문 자막 파일이 반영된 것을 확인할 수 있다. 본 예에서는 한글을 영어로만 번역하여 사용해 보았는데, 다른 언어로도 얼마든지 번역이 가능하며 번역 방법은 위의 예시와 같다. 한편 자막 파일이 큰 경우에는 AI 번역을 요청할 때 파일을 업로드하여 번역하는 방법도 가능할 것이다.

컴퓨터에 익숙한 독자를 위한 추가 사항

동영상에 대한 자막 생성을 위해서는 앞에서 설명한 과정대로 하면 된다. 한편 최근 버전의 Kdenlive에는 SRT 파일을 불러오는 방식으로 하지 않고, 동영상만 불러온 상태에서 바로 음성 인식을 실행하여 자막을 만드는 방법도 함께 제공하고 있다. 하지만 이는 컴퓨터 분야에 능숙한 경우가 아니면 오히려 혼란이 있을 수 있으므로 본서에서 자세한 설명은 하지 않고 간단하게 언급만 할 것이다. 본서는 컴퓨터에 익숙하지 않은 일반인을 대상으로 하고 있기 때문이다.

[그림 104]의 1번 영역 Project, 2번 영역 Subtitles, 3번 영역 Speech Recognition을 누르면 외부 명령창을 사용하지 않고 Kdenlive 내에서 whisper를 호출하여 자동 자막 생성이 되도록 설정할 수가 있다. 단, 이 경우에도 본서의 앞부분에서 설명한 파이썬, ffmpeg, whisper를 설치하는 과정은 필요하다. 또한 Speech Recognition 구성을 완료해도 잘 작동하지 않는 경우 Kdenlive의 구성에서 파이썬 실행 프로그램 경로 설정 등을 조정해야 하는 경우도 발생할 수 있다. 이러한 이유로 Speech Recognition 메뉴를 통한 자막 음성 인식 호출 기능은 이 정도만 본서에서 언급한다. 컴퓨터에 익숙한 독자들은 Speech Recognition 설정을 별도의 자료를 참조하여 설정해 볼 수도 있을 것이다.

[그림 104] 음성인식 설정 메뉴

8

음악 포토 앨범 만들기

음악 포토 앨범 만들기 8

지금까지는 동영상을 대상으로 한 편집 및 자막 처리 방법을 알아보았다. 본 장에서는 Kdenlive를 사용하여 여러 장의 사진을 음악과 함께 동영상으로 만드는 방법을 알아볼 것이다. 사진을 처리하는 방법과 기타 설정 방법을 이해할 수 있다.

여러 장의 이미지를 불러와서 연결하기

다양한 장치에서 촬영한 사진은 해상도가 일정하지 않을 수 있다. 또한 가로 방향 사진(Landscape)과 세로 방향 사진(Portrait)이 섞여 있는 경우도 있다. 이런 모든 경우를 가정한 예시를 위하여 [그림 105]와 같이 해상도와 사진의 방향이 서로 다른 6장의 사진을 사용해 볼 것이다.

[그림 105] 음악 포토 앨범용 사진 모음

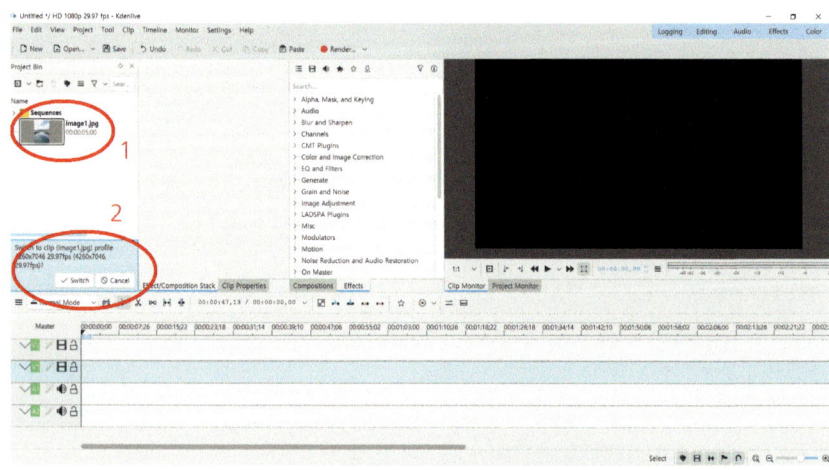

[그림 106] image1.jpg를 불러오기

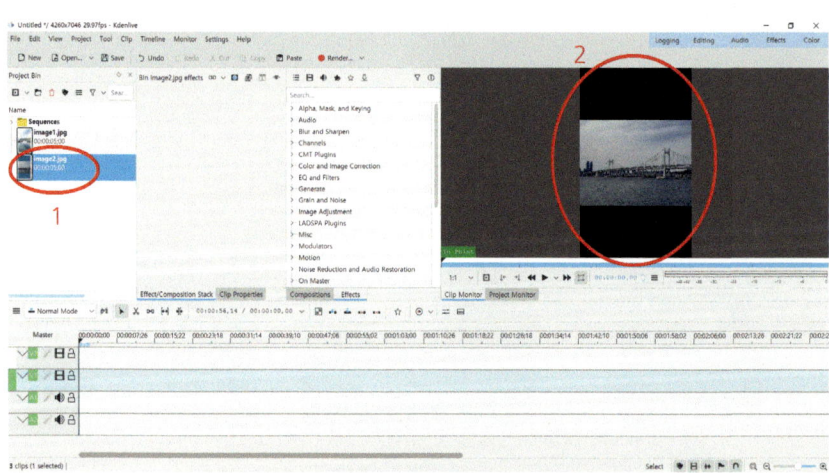

[그림 107] 세로 영역에 공백이 발생한 예시

먼저 [그림 105]에 나열된 이미지 중 image1.jpg를 [그림 106]과 같이 Project Bin 창에 불러온다. 이때 [그림 106]의 2번 영역과 같이 해상도를 불러온 이미지의 해상도로 변경하겠냐고 묻는데 이때 Switch 버튼을 누르면 image1.jpg 파일의 이미지 해상도로 작업 화면의 해상도가 변경된다.

다음으로 image2jpg 파일을 [그림 107]의 1번 영역과 같이 Project Bin 창으로 불러온다. 현재 첫 번째 불러온 image1.jpg의 해상도로 프로젝트 해상도를 바꾸어 놓았으므로 [그림 107]의 2번 영역의 Project Monitor 창을 보면 image2.jpg의 상하단이 검정색으로 채워진 것을 볼 수 있다. 이는 해상도가 서로 다른 이미지를 사용할 때 나타나는 불가피한 현상이며 프로젝트에 설정한 해상도에 따라 이미지가 자동으로 확대나 축소되어 나타난다.

만약 image2.jpg와 같이 가로 방향의 사진의 해상도를 기본으로 설정하고자 할 경우에는 image2.jpg를 먼저 불러오는 것이 간단한 방법이다. [그림 108]에서는 1번 영역으로 image2.jpg 파일을 먼저 불러왔다. 이때 [그림 108]의 2번 영역과 같이 해상도를 파일에 맞추어 변경한다는 대화 창이 나타난다. 이때 Continue 버튼을 누르면 된다.

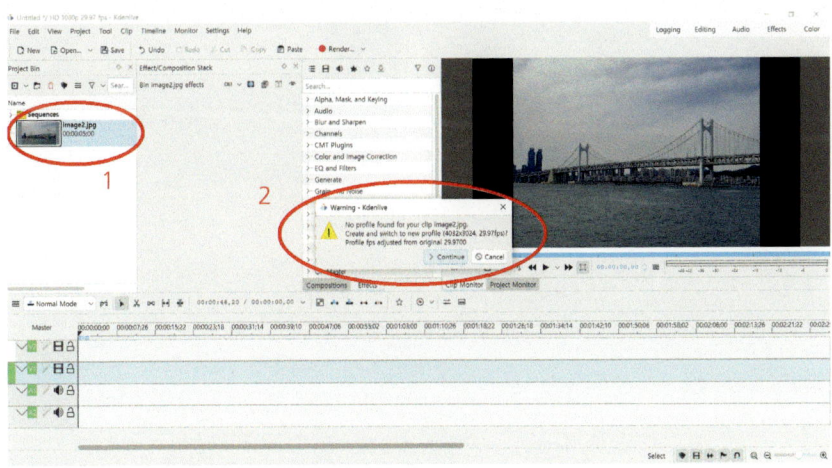

[그림 108] image2.jpg 파일을 불러오면서 해상도 설정

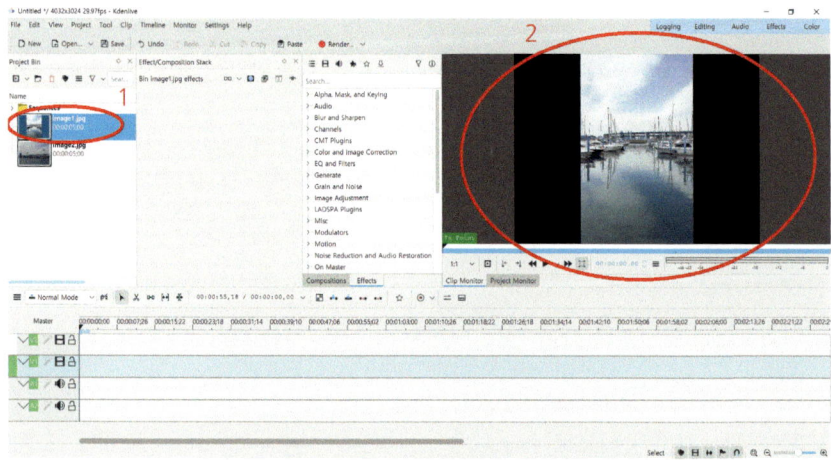

[그림 109] image1.jpg 파일을 미리 본 모습

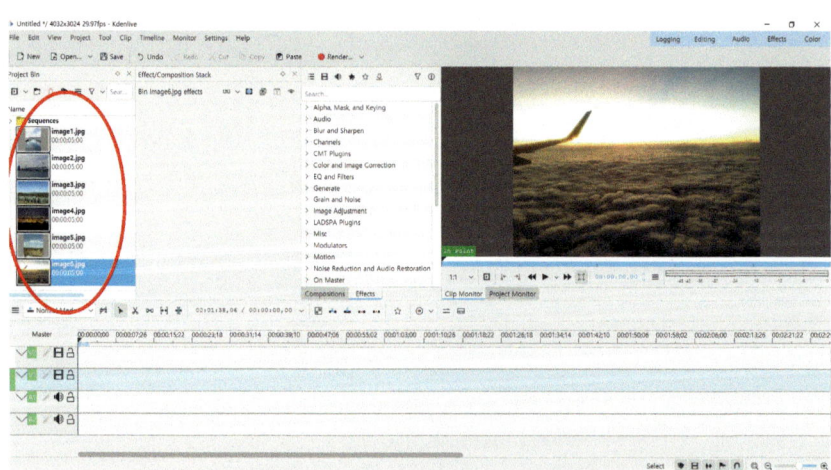

[그림 110] image1.jpg ~ image6.jpg 등 6개 이미지 파일 불러오기

다음으로 image1.jpg 파일을 불러온다. [그림 109]의 1번 영역과 같이 image1.jpg 파일을 Project Bin 창으로 불러왔으며, image1.jpg 파일을 클릭하면 [그림 109]의 2번 영역과 같이 세로 방향 이미지를 가진 image1.jpg 파일 이미지의 양 옆으로 검정색 배경이 나타나는 것을 볼 수 있다. 이는 프로

젝트의 해상도가 image2.jpg의 가로 방향 이미지를 기준으로 설정되어 있기 때문이다.

현재 프로젝트에서는 image2.jpg의 해상도를 기준으로 한다. 이제 [그림 110]의 좌측 원 영역과 같이 image1.jpg부터 image6.jpg까지 총 6개의 이미지 파일을 프로젝트 영역으로 불러온다. 다시 [그림 111]과 같이 1번 영역의 이미지 파일들을 원하는 순서대로 마우스로 한 개씩 끌어서 2번 영역과 같이 하단의 타임라인 트랙에 위치시킨다. 이 상태에서 재생을 해보면 한 이미지당 약 5초 정도의 시간으로 재생되어 전체 약 30초 정도의 재생이 이루어지는 것을 Project Monitor 창에서 확인할 수 있다. 이 상태에서 Ctrl 키와 Enter 키를 누른 후 내보내기를 하면 여러 장의 이미지가 단순히 연결된 약 30초 분량의 동영상이 생성된다. 물론 이렇게 생성된 동영상은 이미지와 이미지 사이의 장면 변환이 갑자기 변경되는 방식이므로 매우 부자연스럽다.

[그림 111] 6개의 이미지 파일을 타임 라인으로 옮기고 재생하기

장면 전환 효과 사용하기

앞 절에 이어서 여러 장의 이미지가 전환될 때 사용할 수 있는 비디오 장면 전환 효과를 알아본다. 이전의 내용에서 두 개의 비디오를 이어서 붙일 때도 장면 전환 효과를 사용해 보았다. 이번 절에서는 더 다양한 효과를 알아볼 것이고, 여러 이미지에 대해서 장면 전환 효과를 적용하는 방법도 알아볼 것이다.

현재 상태에서는 트랙에 위치한 각 이미지를 마우스로 끌어서 좌우로 이동시키더라도 다른 이미지를 만나면 이동이 정지되고 더 이상 마우스로 이동이 불가능하다. 이는 현재 편집 모드가 Normal Mode이기 때문이다. Normal Mode를 Overwirte Mode로 변경하면 하나의 이미지를 다른 이미지 위로 겹치면서 이동시킬 수 있다. 이미지를 겹치는 이유는 겹치는 부분만큼 장면 전환 효과를 사용하기 위해서이다.

[그림 112]의 좌측 하단 원 영역 부분을 클릭하여 Overwirte Mode를 선택한다. 그리고 타임라인 위에서 Ctrl 키를 누른 후 마우스 휠을 사용하여 이미지 클립 영역을 조금 확대해 놓도록 한다. 클립들을 겹치기 위해서는 타임라인을 확대해 놓아야 겹쳐지는 영역의 확인이 용이하기 때문이다.

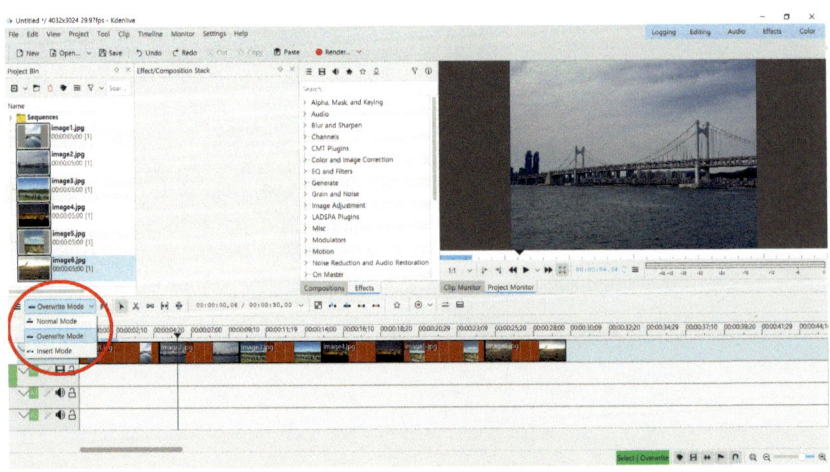

[그림 112] Overwrite Mode로 변경하기

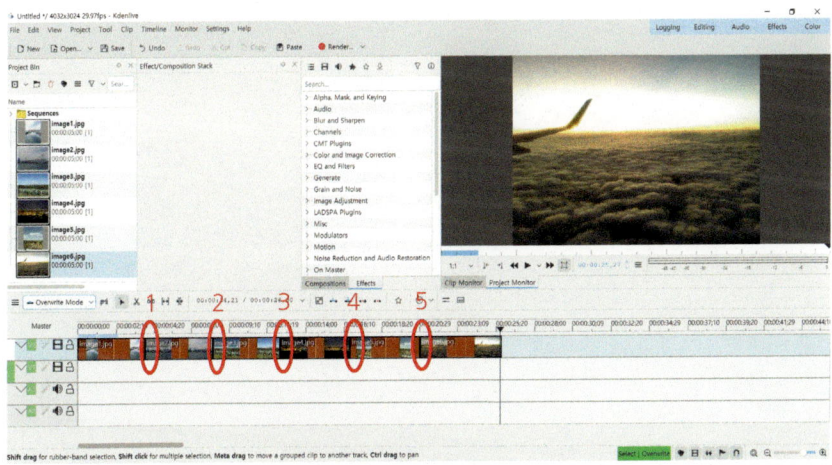

[그림 113] 이미지를 끌어서 겹치기

　이미지를 겹칠 때는 하나의 이미지 클립을 마우스로 끌어서 다른 이미지 클립 위에 올려놓으면 된다. [그림 113]에는 다섯 부분에 걸쳐 이미지를 겹쳐놓았다. 이미지를 겹칠 때는 1번 영역부터 5번 영역까지의 순서로 진행해야 한다. 뒷부분부터 뒤쪽으로 끌어서 겹치면 앞부분에 점점 공백 영역이 생기기 때문이다. 겹치는 영역의 크기를 더 자세히 관찰하면서 겹치려면 타임라인을 더 확대하면 된다.

　현재 타임라인의 트랙에는 6개의 이미지 클립이 위치해 있다. 6개의 클립을 모두 선택한다. Shift 키를 누른 상태에서 각 클립을 클릭하면 모든 클립을 선택할 수 있다. 이 상태에서 [그림 114]의 원 영역 내에 있는 버튼(Mix Clips)를 누르면, 클립의 겹쳐진 부분에 박스 모양으로 믹스 상태가 표시된다.

　[그림 115]는 클립을 믹스한 후 타임라인을 재생한 화면이다. [그림 115]의 원 영역을 보면 두 장의 이미지가 겹쳐지면서 장면이 전환되는 것을 볼 수 있다. 장면 전환 효과는 기본적으로 Dissolve라는 방식이 적용된다. Dissolve는 앞의 이미지가 점점 흐려지면서 뒤의 이미지가 점점 선명하게 나타나는 장면 전환 방식으로서 여러 미디어에서 흔히 볼 수 있는 방식이다.

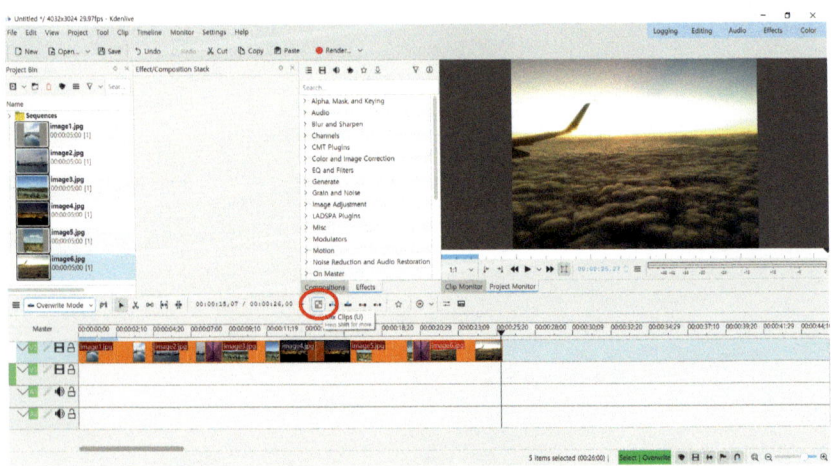

[그림 114] 클립 믹스 실행하기

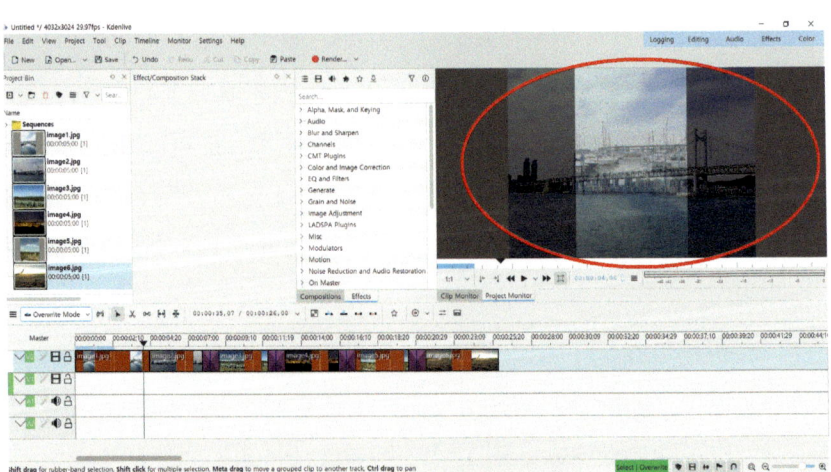

[그림 115] 장면 전환 효과 재생

　　Kdenlive에서는 다양한 장면 전환 효과를 제공한다. 이전에 동영상 편집을 진행할 때는 기본 기능에 대한 이해를 위하여 한두 개 정도의 장면 전환 효과만 확인했는데, 이번 예시에서는 사용 가능한 주요 장면 전환 효과들을 여러 개 알아볼 것이다.

다양한 장면 전환 효과 알아보기

앞 절의 예시를 계속 사용하여 여러 가지 장면 전환 효과를 적용해 본다. 먼저 현재 적용된 장면 전환 효과를 확인해 보자. 하단 타임라인에서 이미지들이 나열되어 있는 첫 번째 트랙을 보면 이미지 사이에 겹쳐진 부분에는 X 자 모양의 박스가 보인다. 예를 들어 1번 영역과 같은 X 자 모양의 박스를 클릭하면 2번 영역과 같이 현재의 장면 전환 효과를 확인할 수 있다. 2번 영역에 보이는 장면 전환 효과는 None (Dissolve)로 되어 있다. 이는 별도의 장면 전환 효과가 지정된 것은 아니며 기본적으로 Dissolve 방식이 사용된다는 의미이다. 본 절에서는 이 부분을 변경하여 여러 가지 장면 전환 효과를 확인해 볼 것이다. 이 장면 전환 효과는 사진뿐만 아니라 비디오 간의 장면 전환에도 동일하게 사용할 수 있다.

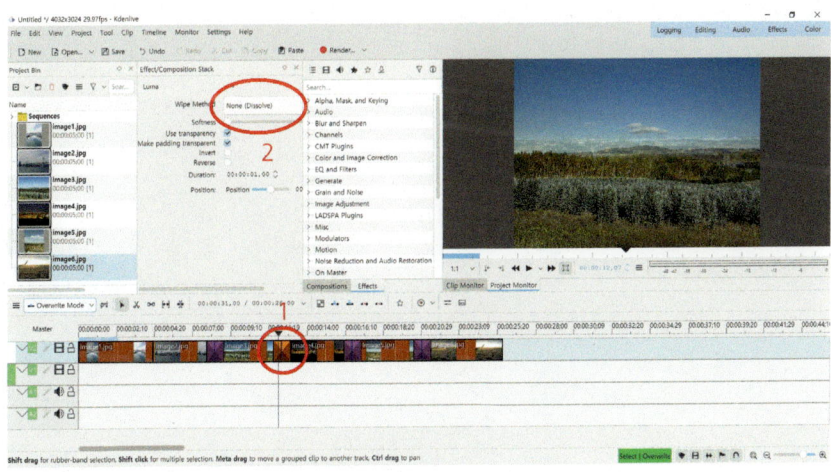

[그림 116] 장면 전환 효과 지정하기

[그림 117]부터는 여러 가지 장면 전환 효과의 기능이 소개된다. 각 효과는 적용 후 Effect/Composition Stack 창에서 Invert, Reverse와 같은 옵션으로 장면 전환 방향을 변경할 수 있으며, 기타 옵션으로 부드러운 정도나 지속 시간 등의 변경도 가능하다.

[그림 117] Bar Horizontal

[그림 117]은 Bar Horizontal 전환 효과이다. 기본적으로 좌에서 우로 바가 움직이며 장면이 전환된다.

[그림 118] Bar Vertical

[그림 118]은 Bar Vertical 전환 효과이다. 기본적으로 위에서 아래로 바가 움직이며 장면이 전환된다.

[그림 119] Barn Door Diagonal NW-SE

[그림 119]는 Barn Door Diagonal NW-SE 전환 효과이다. NW는 북동쪽, SE는 남동쪽을 의미한다. 즉 이 방향으로 사선 모양이 생기며 전환된다.

[그림 120] Barn Door Diagonal SW-NE

[그림 120]은 Barn Door Diagonal SW-NE 전환 효과이다. SW는 남서쪽, NE는 북동쪽을 의미한다. 즉 이 방향으로 사선 모양이 생기며 전환된다.

[그림 121] Barn Door Diagonal SW-NE에 Softness를 적용한 예

[그림 121]은 Barn Door Diagonal SW-NE 효과에 Softness 옵션을 적용한 결과이다. 경계선이 흐리게 처리된 결과를 확인할 수 있다.

[그림 122] Barn Door Horizontal

[그림 122]는 Barn Door Horizontal 효과이다. 앞에서 살펴본 Bar Horizontal의 한쪽 방향 진행과는 달리 문이 양쪽에서 닫히는 모양의 효과이다.

[그림 123] Bar Door Vertical

[그림 123]은 Barn Door Vertical 효과이다. 앞에서 살펴본 Bar Vertical 의 한쪽 방향 진행과는 달리 문이 위아래에서 닫히는 모양의 효과이다.

[그림 124] Barn V Up

[그림 124]는 Barn V Up 효과이다. 위아래가 뒤바뀐 V 자 모양을 유지하며 화면 위아래에서 안쪽으로 장면 변환이 진행된다.

[그림 125] Bi-Linear X

[그림 125]는 Bi-Linear X 효과이다. 이 효과는 Barn Door Horizontal과 유사한 모양을 가지기도 하지만 부드럽게 흐르는 듯한 특징을 가진다.

[그림 126] Bi-Linear Y

[그림 126]은 Bi-Linear Y 효과이다. 이 효과는 Barn Door Vertical과 유사한 모양을 가지기도 하지만 부드럽게 흐르는 듯한 특징을 가진다.

[그림 127] Box Bottom Left

[그림 127]은 Box Bottom Left 효과이다. 다음에 나타날 영상이 좌측하단에서 박스 모양으로 시작하여 점차 커지며 나타난다.

[그림 128] Box Bottom Right

[그림 128]은 Box Bottom Right 효과이다. 다음에 나타날 영상이 우측하단에서 박스 모양으로 시작하여 점차 커지며 나타난다.

[그림 129] Box Right Center

[그림 129]는 Box Right Center 효과이다. 다음에 나타날 영상이 우측 중간 높이에서 박스 모양으로 시작하여 점차 커지며 나타난다.

[그림 130] Burst

[그림 130]은 Burst 효과이다. 다음에 나타날 영상이 중앙에서 터지는 모양을 하며 점차 나타난다.

[그림 131] Clock

[그림 131]은 Clock 효과이다. 다음에 나타날 영상이 시계가 도는 모양으로 회전하며 나타난다.

[그림 132] Symmetric Clock

[그림 132]는 Symmetric Clock 효과이다. 다음에 나타날 영상이 시계가 양방향으로 도는 모양으로 회전하며 나타난다.

[그림 133] Cloud

[그림 133]은 Clound 효과이다. 다음에 나타날 영상이 구름 모양을 하며 점차 나타난다.

[그림 134] Iris Circle

[그림 134]는 Iris Circle 효과이다. 다음에 나타날 영상이 원 모양을 하며 점차 커지면서 나타난다.

[그림 135] Horizontal Blinds

[그림 135]는 Horizontal Blinds 효과이다. 다음에 나타날 영상이 창문의 블라인드가 열리는 모양을 하며 나타난다.

[그림 136] Radial Bars

[그림 136]은 Radial Bars 효과이다. 다음에 나타날 영상이 여러 개의 동심원 모양을 하며 점차 나타난다.

지금까지 장면 전환에 흔히 사용되는 주요 효과 20개를 살펴보았다. Kdenlive 는 이외에도 여러 효과를 추가로 제공한다. 위 장면 전환 효과들을 잘 확인한 후 동영상이나 사진 편집 과정에서 장면 전환 효과가 필요한 경우 적용하면 될 것이다.

음악 포토 앨범 편집이 모두 완료되었으면 Ctrl 키와 Enter 키를 눌러 내보내기를 하면 동영상 파일이 생성된다.

참고로 위에서 만든 포토 앨범 형태의 동영상에 음악을 넣는 방법에 대한 설명은 생략한다. 배경 음악을 넣거나 오디오 효과를 처리하는 방법은 2장과 4장에서 여러 형태의 예를 통하여 설명되었으니 해당 부분을 활용하면 될 것이다.

9

로고 표시를 위한
이미지 타이틀 클립

로고 표시를 위한 이미지 타이틀 클립 9

2장에서 동영상 앞에 제목 넣기라는 제목으로 텍스트 형식의 타이틀 클립을 사용해 보았다. 본 장에서는 타이틀 클립을 이용하여 회사나 단체의 로고 이미지를 추가하거나 동영상의 특정 부분에 필요한 표시를 추가하는 방법을 알아본다.

로고 이미지 준비하기

로고 이미지 역시 일반 이미지와 특별히 다른 점은 없다. 단지 일반적인 로고 이미지의 경우 로고 영역 이외의 부분은 투명하게 처리되어 동영상 로고를 삽입했을 때 로고의 모양만 나타나고, 로고의 모양 이외의 부분은 투명으로 처리된다. 이미지는 여러 개의 픽셀로 구성되는데, 각 픽셀은 R(Red, 빨강), G(Green, 초록), B(Blue, 파랑)의 세 가지 색상 정보로 구성된다. 예를 들어 흔히 사용되는 jpg 이미지 파일도 한 픽셀은 3개의 색상 정보를 가진다. 이런 경우 투명한 부분을 처리할 방법이 없다.

하지만 png 이미지 파일과 같은 경우에는 R, G, B라는 3개의 색상 정보 이외에 A(Alpha, 투명값)이라는 한 가지 정보를 더 가지고 있다. A 값이 0인 픽셀은 투명한 픽셀로 처리되는 방식이다. 그러므로 회사의 로고와 같이 정사각형이 아닌 이미지를 동영상에 삽입하기 위해서는 R, G, B, A와 같이 4개의 정보를 가진 이미지를 사용해야 한다. 이런 이미지는 포토샵과 같은 그래픽 소프트웨어를 사용하여 만들 수 있다.

본 절에서는 투명 처리가 된 로고 이미지를 테스트해 보기 위하여 윈도우의 그림판과 파워포인트 소프트웨어를 사용하여 투명 정보를 포함하는 예시 로고 이미지를 간단하게 만들어서 동영상에 삽입해 볼 것이다.

윈도우에서 그림판을 실행한 후 Ctrl 키와 E 키를 누르면 [그림 137]과 같이 그림의 크기를 설정할 수 있는 창이 나타난다. 너비와 높이를 각각 200으로 입력하여 로고 이미지의 크기를 정해 본다.

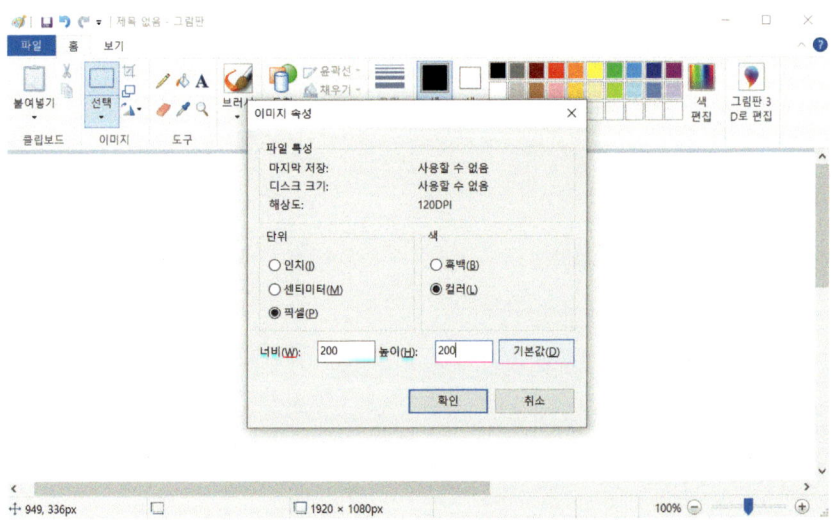

[그림 137] 그림판에서 이미지 크기 설정하기 (출처: 그림판)

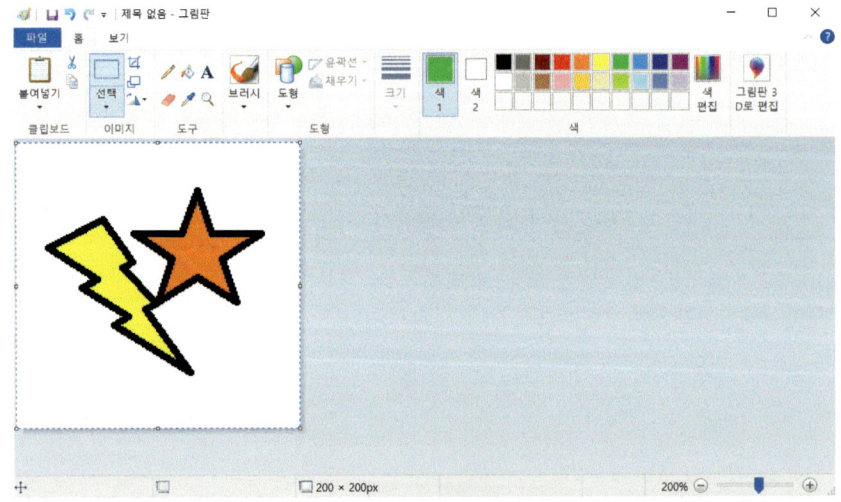

[그림 138] 그림판에서 도형 그리기

다음으로 그림판의 도형 기능을 사용하여 [그림 138]과 같은 도형을 그려보자. 도형의 모양은 꼭 [그림 138]과 같을 필요는 없다. 중요한 점은 도형 이외의 배경을 단색으로 만들도록 한다. 어떤 색도 관계는 없지만 본 예에서는 기본적으로 설정되어 있는 흰색을 그대로 배경으로 사용하도록 한다. 도형 그리기가 완료되었으면 Ctrl 키와 A 키를 눌러서 그림 전체를 선택한 후, 다시 Ctrl 키와 C 키를 눌러서 복사한다.

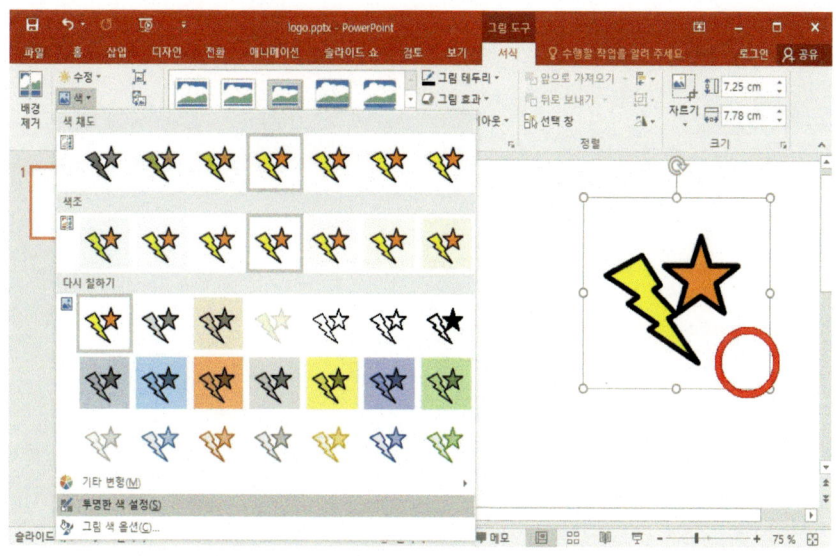

[그림 139] 파워포인트에 복사한 후 투명한 색 설정 메뉴 실행 (출처: 파워포인트)

다음으로 파워포인트를 실행한 후 Ctrl 키와 V 키를 눌러서 로고 이미지를 복사한다. [그림 139]와 같이 로고 이미지를 클릭하여 선택한 후 상단의 서식 메뉴를 누른 후, 다시 좌측의 색 메뉴를 열고, 가장 하단의 투명한 색 설정 메뉴를 선택한다. 그 후 마우스로 [그림 139]의 원 영역과 같이 로고 이미지의 비어 있는 배경 부분을 클릭한다. 이는 흰색을 투명색으로 처리하겠다는 의미이다. 이제 [그림 140]과 같이 로고 이미지를 마우스 오른쪽 버튼으로 클릭한 후 나타나는 메뉴에서 그림으로 저장을 선택한다.

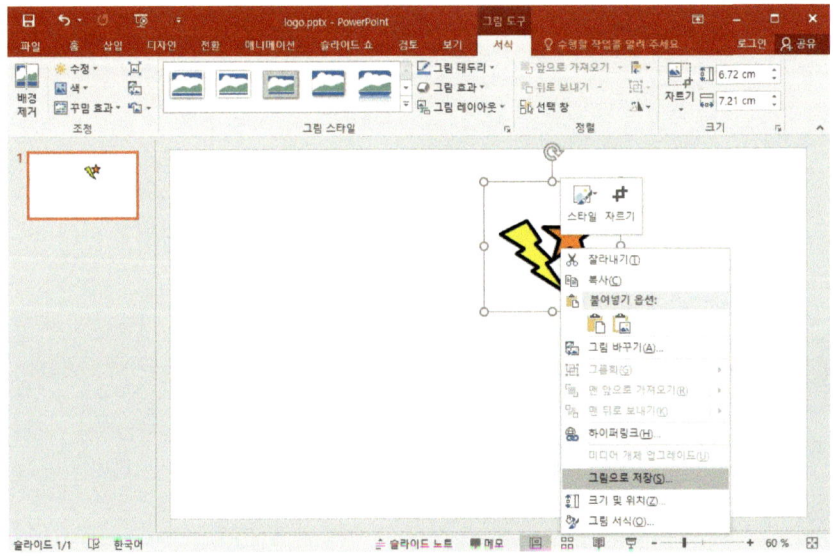

[그림 140] 그림으로 저장하기

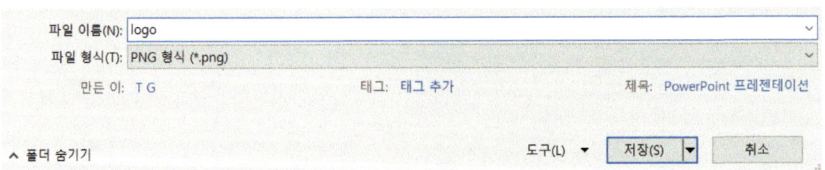

[그림 141] png 파일 형식으로 저장하기

로고 이미지를 저장할 수 있는 창이 나타나는데, [그림 141]은 이미지 저장 창의 하단 부분이다. [그림 141]과 같이 파일 이름은 logo로 하고, 파일 형식을 반드시 "PNG 형식 (*.png)"를 선택하도록 한다. png 파일은 투명 정보를 포함할 수 있다. 만약 jpg나 bmp와 같은 형식의 파일로 저장할 경우 투명 정보는 사라진다. 파일의 저장 위치는 작업을 위한 적절한 위치에 저장하면 된다. 배경이 투명처리된 정보가 포함된 logo.png 파일이 완성되었다.

CHAPTER 09 로고 표시를 위한 이미지 타이틀 클립 • 139

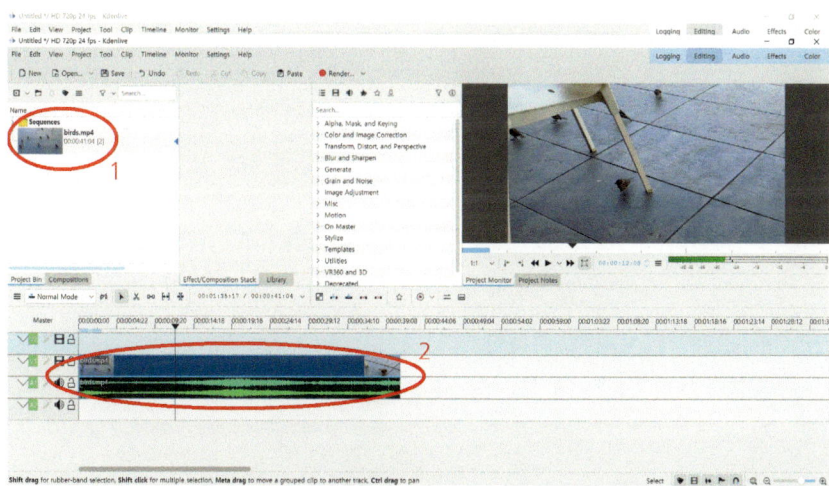

[그림 142] 동영상 파일을 불러와서 타임라인으로 옮기기

[그림 143] Add Clip Title 선택

동영상에 로고 이미지 삽입하기

[그림 142]와 같이 타이틀 클립을 추가할 동영상을 1번 영역으로 불러온 후 끌어서 2번 영역에 위치시킨다. 이때 중요한 점은 [그림 142]의 2번 영역과 같이 동영상을 가장 위가 아닌 두 번째 트랙에 위치시키는 것이다. 첫 번째 트

랙에는 타이틀 클립을 위치시켜 동영상 위에 나타나도록 해야 하기 때문이다.

타이틀 클립 생성을 위하여 [그림 143]과 같이 Project 메뉴 아래의 Add Title Clip 메뉴를 선택한다.

[그림 144]와 같은 타이틀 클립 창이 나타나면 1번 영역을 누른 후 다시 2번 영역과 같이 Add Image 메뉴를 선택한다. 불러오기 창에서 앞에서 생성한 logo.png 파일을 불러오도록 한다. [그림 145]의 1번 영역과 같이 logo.png 파일의 이미지가 나타나면 이미지를 마우스로 끌어서 원하는 위치로 옮긴다. 이미지의 위치 조정이 완료되면 [그림 145]의 2번 영역에 있는 Create Title 버튼을 누른다.

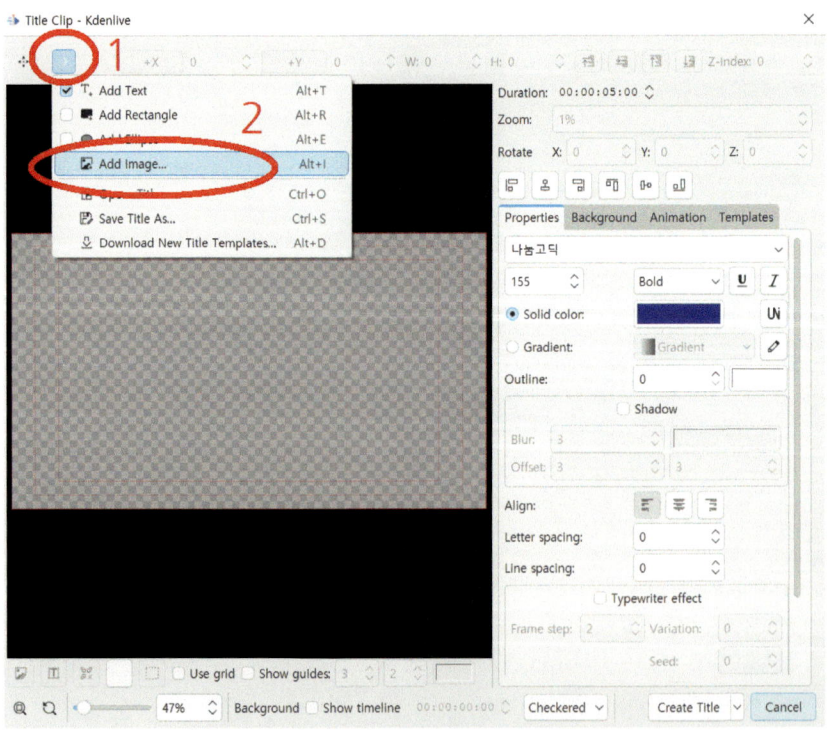

[그림 144] 타이틀 클립으로 이미지 불러오기

CHAPTER 09 로고 표시를 위한 이미지 타이틀 클립 • 141

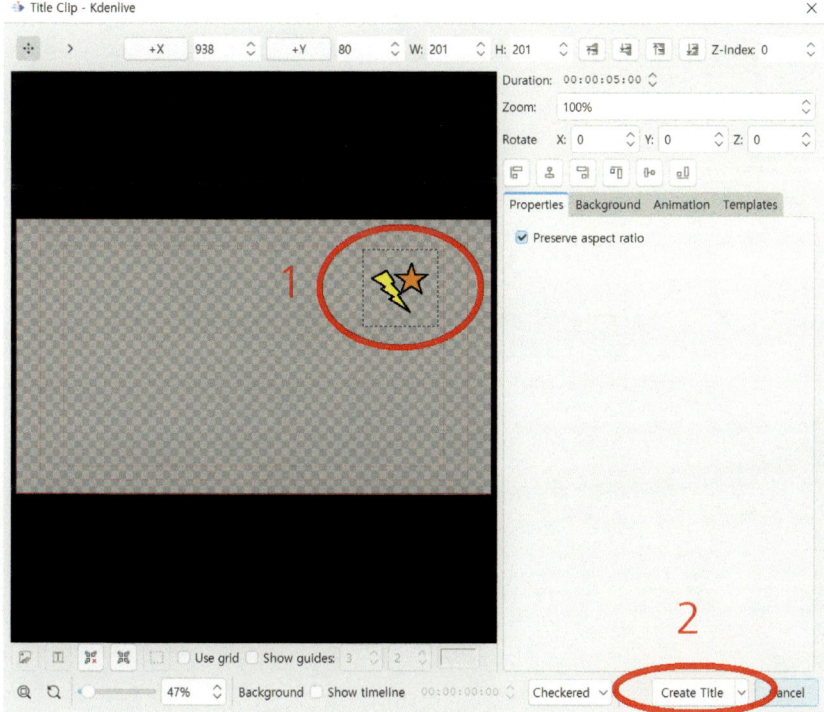

[그림 145] 이미지 배치 및 타이틀 생성하기

　앞의 과정을 완료하면 [그림 146]의 1번 영역에 타이틀 클립이 추가된다. 타이틀 클립을 끌어서 [그림 146]의 2번 영역 첫 번째 트랙에 위치시킨다. 그리고 타이틀 클립의 가장자리를 마우스로 끌어서 비디오 트랙 전체 길이와 같아지도록 타이틀 클립의 길이를 늘여준다.

　이제 타임라인의 시간을 비디오의 어느 곳으로 옮겨도 [그림 146]의 3번 영역과 같은 로고 이미지가 보일 것이다. 로고 이미지를 자세히 보면 도형 이외의 배경 부분은 투명처리가 되어 로고 뒤에 위치한 비디오가 나타난다. 이는 logo.png 파일의 투명 정보가 반영되었기 때문이다.

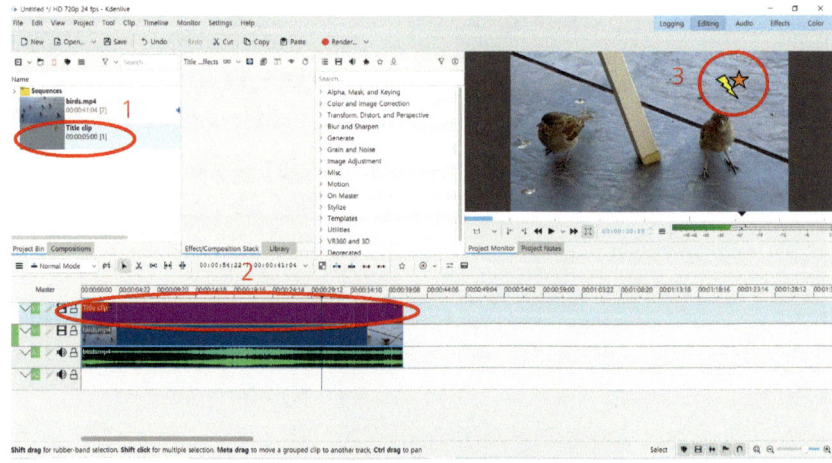

[그림 146] 타이틀 클립 삽입하기

[그림 147] 타이틀 클립 편집하기

타이틀 클립 수정하기

이제 타이틀 클립 내의 이미지 위치를 변경하는 경우를 생각해 보자. 이미지의 위치를 조정하기 위해서는 타이틀 클립을 편집해야 한다. 이를 위하여 [그림 147]의 1번 영역에 있는 타이틀 클립을 더블클릭하면 [그림 147]과 같은 타이틀 클립 창이 나타난다. 이미지를 마우스로 끌어서 변경하고 싶은 위치로 옮긴다. [그림 147] 하단 3번 영역의 Update Title 버튼을 누르면 타이틀 클립의 변경이 완료된다. 타이틀 클립의 변경 결과는 [그림 148]의 원 영역에서 확인할 수 있다.

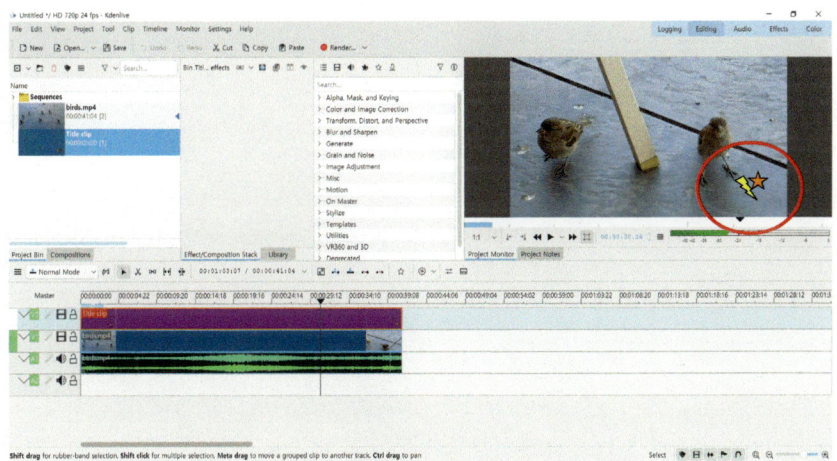

[그림 148] 변경된 타이틀 클립의 위치 확인

타이틀 클립 기능을 이용하여 로고와 같은 이미지를 동영상에 삽입하는 방법에 대하여 알아보았다. 타이틀 클립 내에 여러 개의 이미지, 문자, 도형 등을 넣을 수도 있고, 여러 타이틀 클립을 만들어서 사용할 수도 있다. 타이틀 클립의 위치와 길이를 조절하여 동영상의 특정 부분에만 삽입할 수도 있으니 본장에서 소개된 방법을 이용하면 동영상 편집에 다양한 응용이 가능할 것이다.

10

영화와 같은 효과 연출

영화와 같은 효과 연출 10

본 장에서는 동영상에 마치 영화와 같은 분위기의 색감을 적용하는 방법을 알아본다. 표준적인 색상으로 촬영된 동영상의 색감을 직접 조절하거나 이미 만들어져 있는 다양한 색상 공식을 적용하여 동영상의 분위기를 다양하게 조정할 수 있다.

Apply LUT 효과 (색상 테이블 적용 변환)

Apply LUT(룩업 색상 테이블로 색상을 변환) 효과는 영상의 색감과 분위기를 한 번에 바꿀 수 있는 도구이다. 영화 같은 컬러톤, 특정 장르의 느낌을 빠르게 적용할 때 아주 유용하다. LUT은 Look-Up Table의 약자이며 입력 색 대 변환 색의 표를 미리 저장해둔 파일이다. 영상을 구성하는 픽셀의 색상 값(RGB)을 새로운 값으로 바꿔주는 기능을 하며 미리 정의해 놓은 색 보정용 세트라고 할 수 있다. 예를 들어 밝은 회색은 황금빛 톤으로 변경하거나, 푸른색은 시네마틱 청록색으로 변경하는 등의 기능을 가진다.

LUT는 매우 편리한 도구이며 Kdenlive에서 기본적으로 제공하는 것 이외에도 추가로 구하여 다양한 효과를 적용할 수 있다. 먼저 동영상에 Apply LUT 효과를 적용해 보자. [그림 149]와 같이 동영상을 영역 1로 불러온 후, 영역 2의 트랙에 위치 시킨 후, 영역 3의 화면의 색상을 확인해 두자.

Apply LUT를 적용하기 위하여 [그림 150]의 1번 영역에 있는 Color and Image Correction 아래의 Apply LUT 효과를 끌어서 2번 영역의 비디오 클립에 붙인다. 2번 영역의 클립을 클릭하면 3번 영역과 같이 Apply LUT 효과에 BLUE_TINT라는 LUT가 적용된 것이 보인다. [그림 150]의 4번 영역의 색상을 확인해 보면 원래의 색상에서 푸른색 계열의 차가운 색상으로 영상의 색조가 변경된 것을 볼 수 있다. 비, 새벽, 도시 등의 느낌을 준다.

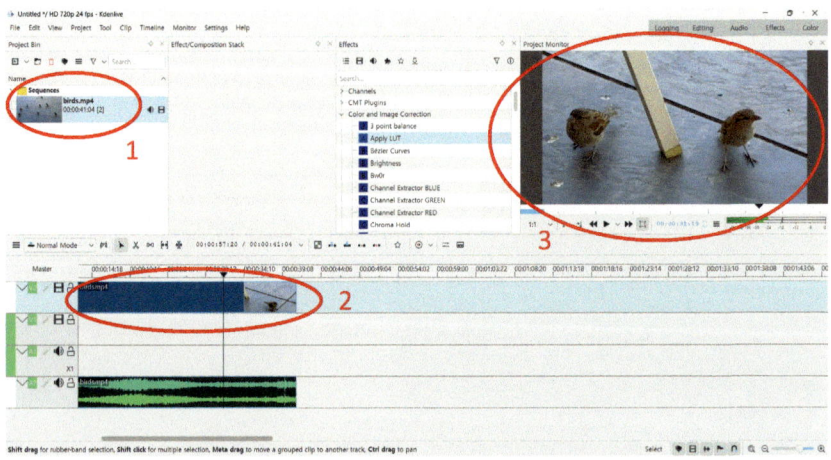

[그림 149] Apply LUT 효과 적용 전 동영상

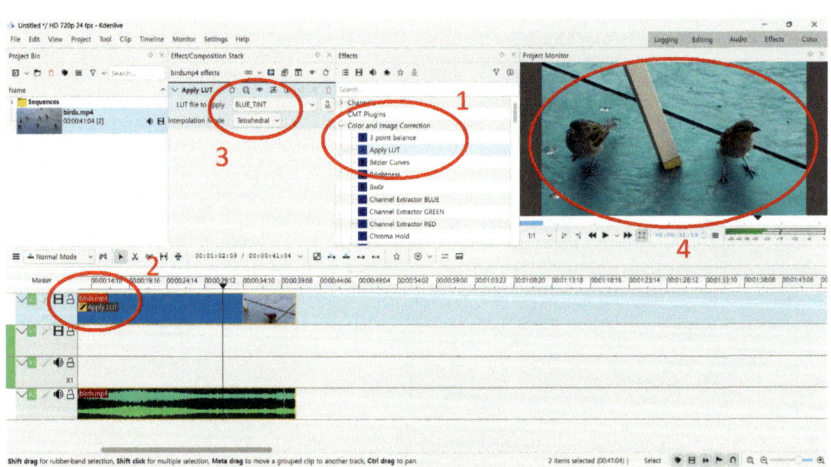

[그림 150] Apply LUT 적용 결과

[그림 151]은 1번 영역의 효과를 CINEMATIC으로 변경한 결과이다. 2번 영역의 색조를 확인해 보면 따뜻함과 차가움의 밸런스 효과를 반영하여 영화와 같은 느낌을 주고 있다.

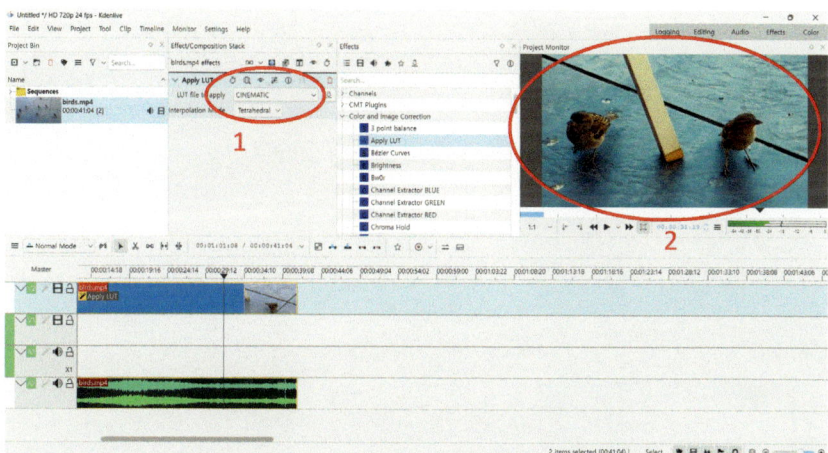

[그림 151] Apply LUT 중 CINEMATIC를 적용한 결과

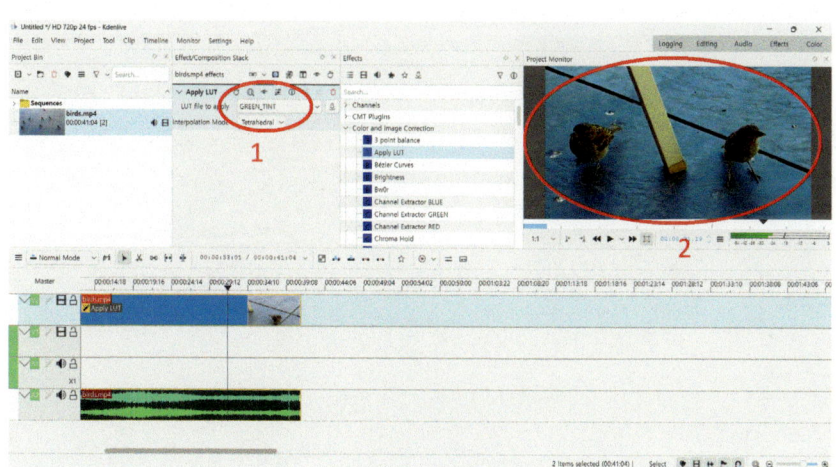

[그림 152] Apply LUT 중 GREEN_TINT를 적용한 결과

[그림 152]는 1번 영역의 효과를 GREEN_TINT으로 변경한 결과이다. 2번 영역의 영상에서는 녹색, 자연, 빈티지 등의 느낌을 주며 평온한 느낌을 주는 자연, 숲, 옛 장면 등에 사용해 볼 수 있을 것이다.

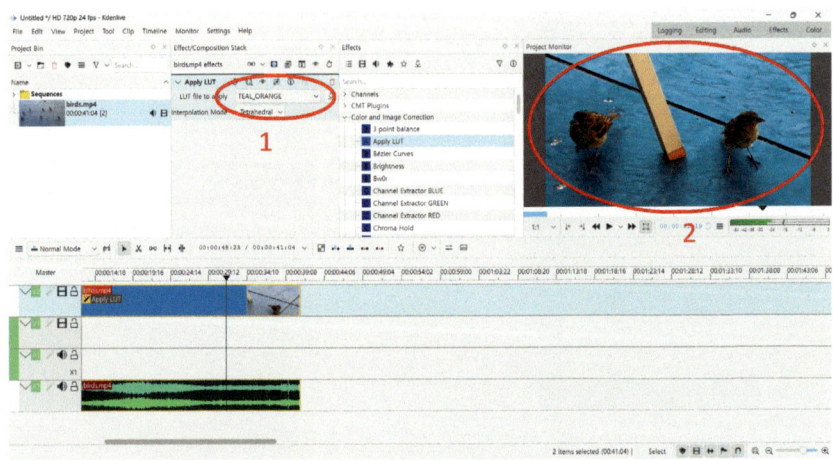

[그림 153] Apply LUT 중 TEAL_ORANGE를 적용한 결과

[그림 153]은 1번 영역의 효과를 TEAL_ORANGE로 변경한 결과이다. 오렌지와 청록 대비효과를 가지는 효과를 2번 영역의 영상에서 볼 수 있다. 액션 영화와 같은 강렬한 느낌을 준다.

Kdenlive에서 지원하는 4개의 LUT 효과를 확인해보았다. LUT는 색상 테이블로서 다양한 종류가 존재한다. 다양한 웹사이트에서 무료로 LUT 파일을 구할 수도 있다. LUT 파일은 몇 가지 확장자가 존재하는데, Kdenlive에서는 다음과 같은 확장자의 LUT 파일 사용이 가능하다.

- .cube
- .3dl
- .dat
- .m3d

별도의 LUT 파일을 구해서 사용할 경우에는 [그림 154]의 원 영역과 같이 효과 적용 란에서 Custom을 선택한 후 별도의 LUT 파일을 불러와서 사용할 수 있다.

CHAPTER 10 영화와 같은 효과 연출 • 151

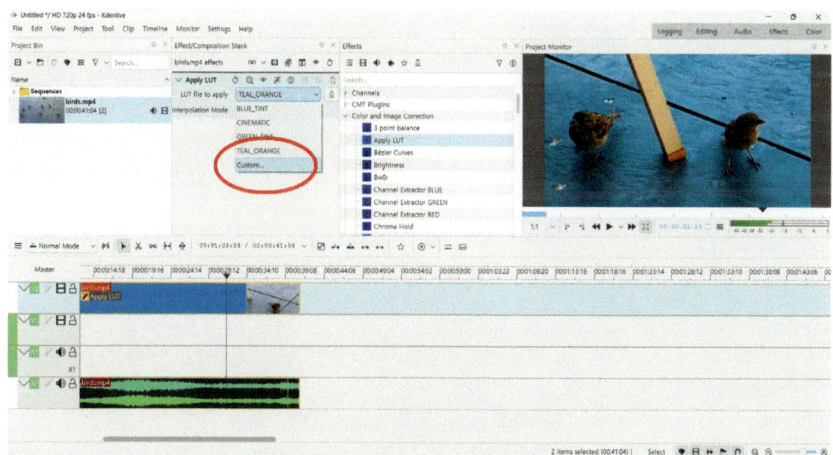

[그림 154] 사용자 LUT 파일 메뉴

Color Correct 효과 (색상 보정)

Color Correct 효과는 밝기, 대비, 색조, 채도, 화이트밸런스를 조정하여 원본 영상을 정상 색상 상태로 복원하는 역할을 한다. 이후 Apply LUT 효과 등으로 창의적인 스타일을 덧입히면 보다 완성된 시네마틱 톤을 만들 수 있다. 이전 절에서 적용했던 Apply LUT 효과를 삭제하기 위해서는 [그림 155]의 원 영역에 있는 휴지통 아이콘을 누른다.

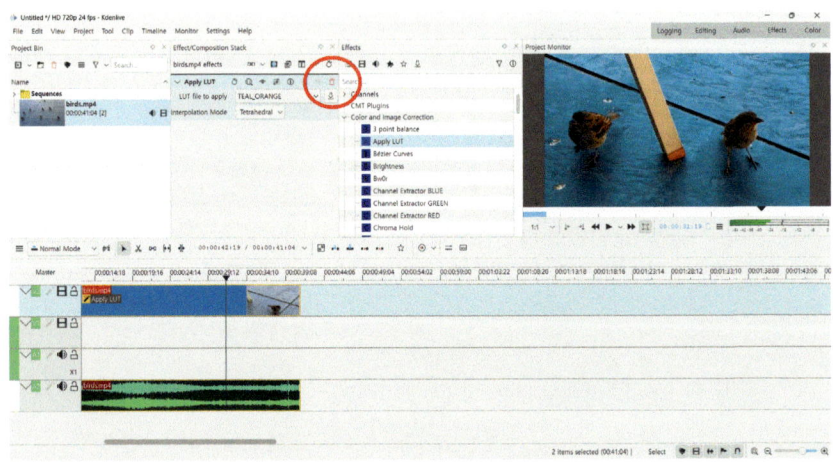

[그림 155] 적용된 효과 삭제하기

다음으로 [그림 156]의 1번 영역과 같이 Color and Image Correct 아래의 Color Correct 효과를 마우스로 끌어서 2번 영역의 비디오 클립에 적용한다. 이 상태에서 3번 영역을 보면 Manual 상태인데, 이 상태는 수동으로 직접 효과 값을 조절한다는 의미이다. 현재 조절한 내용이 없기 때문에 5번 영역의 영상도 변화 없이 원본 영상과 동일하게 나타난다.

Manual 상태에서는 다음 사항을 조절할 수 있다. 직접 조정해 보면 색상의 변화를 느낄 수 있을 것이다. 한편 이 값을 적절하게 수동으로 조정하기 위해서는 영상의 색상에 대한 사전 지식이 필요할 것이다. 자동을 조정되는 효과를 얻기 위해서는 Manual 이외의 선택을 사용하면 된다.

- Red shadow spot: 값이 높을수록 어두운 부분이 붉어진다.
- Blue shadow spot: 값이 높을수록 어두운 부분이 푸르게 된다.
- Red highlight spot: 값이 높을수록 밝은 부분이 붉어진다
- Blue highlight spot: 값이 높을수록 밝은 푸르게 된다.
- Saturation: 값이 높을수록 색상이 더 선명해진다.

CHAPTER 10 영화와 같은 효과 연출 • 153

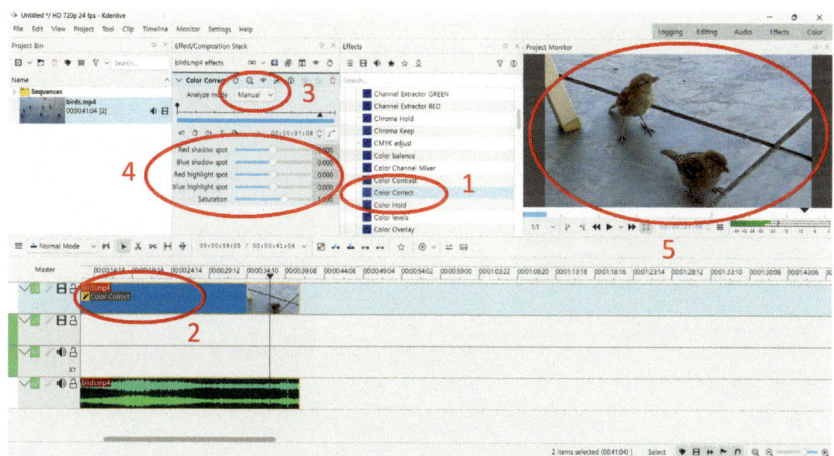

[그림 156] Color Correct 효과 적용하기

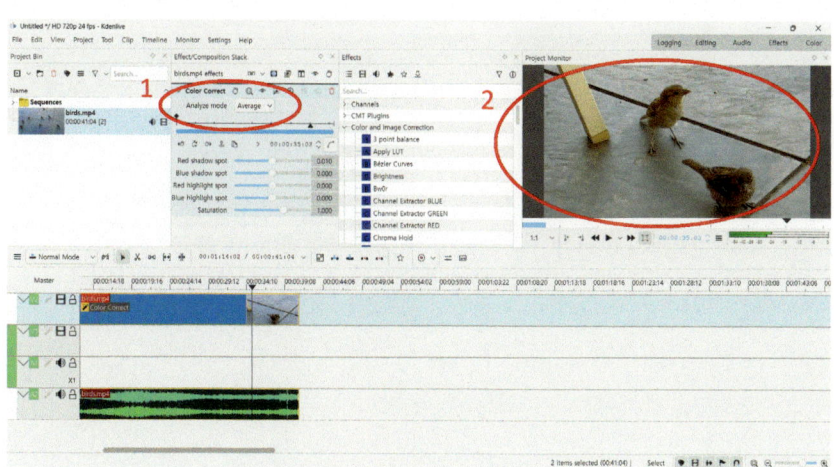

[그림 157] Average 모드

이번에는 [그림 157]의 1번 영역과 같이 선택을 Average 모드로 변경해보자. Average 모드는 동영상 프레임(각 이미지)의 평균 색상과 밝기 값을 기반으로 분석하여 색 보정을 적용한다. 이 방식에서는 Kdenlive가 비디오의 각 프레임을 분석하여 해당 프레임의 평균적인 톤에 맞게 보정 값을 조정한

다. Average 모드 방식은 클립 전체의 전반적인 색상 균형을 안정적으로 유지하는 데 도움이 된다. [그림 157]의 2번 영역에서 그 결과를 볼 수 있다.

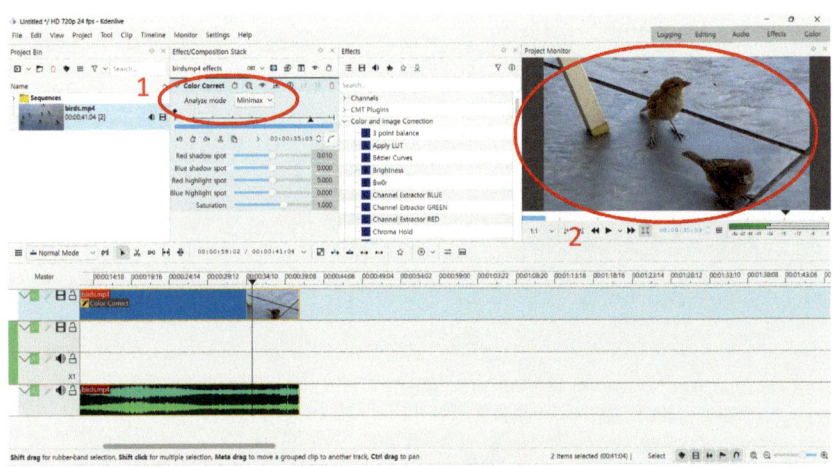

[그림 158] Minimax 모드

이번에는 [그림 158]의 1번 영역과 같이 Minimax 모드를 선택한다. Minimax 모드는 프레임 내의 가장 어두운 픽셀(Min)과 가장 밝은 픽셀(Max)을 기반으로 분석하여 보정을 적용한다. Kdenlive가 비디오의 각 프레임에서 가장 어둡고 가장 밝은 영역을 식별하여, 그 범위 내에서 색상 균형을 맞추도록 보정 매개변수를 동적으로 조정한다. Minimax 모드는 장면 내의 극단적인 밝기 값(음영과 하이라이트)을 기준으로 화이트 밸런스를 맞추거나, 대비를 조절하는 데 유용한 방식이다. [그림 158]의 2번 영역의 결과를 확인해 본다.

[그림 159]의 1번 영역에서는 Median 모드를 선택하였다. Median 모드는 프레임 내의 색상과 밝기의 중간값(Median)을 기반으로 분석하여 보정을 적용한다. 더 자세하게는 픽셀 값들을 정렬했을 때 중앙에 위치하는 값을 기준으로 분석하여 보정 매개변수를 조정한다. 중간값은 평균값에 비해 이상치(예

를 들어 작은 하이라이트나 그림자)의 영향을 덜 받게 된다. Median 모드는 노이즈나 작은 스팟의 영향을 최소화하면서 보다 안정적이고 일반적인 톤에 맞추어 색 보정을 하려는 경우에 적합하다. [그림 159]의 2번 영역의 결과를 확인해 본다.

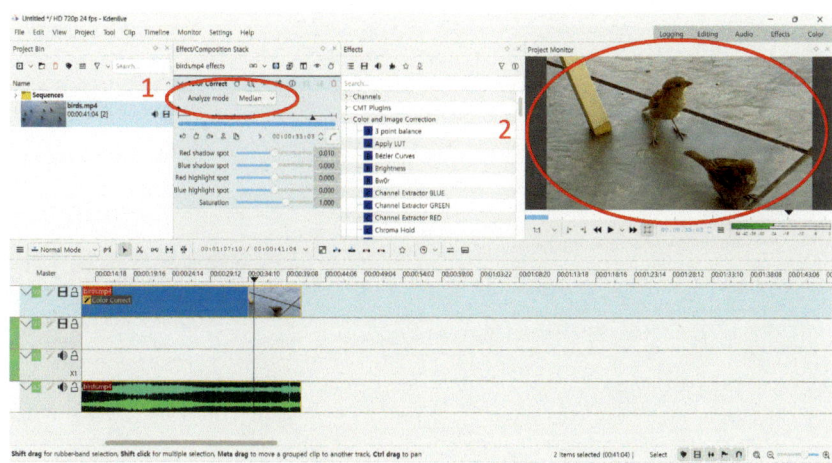

[그림 159] Median 모드

Curves 효과(밝기 곡선 조정)

다음으로 살펴볼 도구는 Curves이다. 이를 위하여 [그림 159]의 비디오 클립에 적용된 Color Correct 효과를 클릭한 후 1번 영역 우측의 휴지통 아이콘을 눌러서 Color Correct 효과를 삭제한다.

[그림 160]의 1번 영역과 같이 Color and Image Correction 아래 기능 중 Curves를 마우스로 끌어서 2번 영역의 비디오 클립에 붙인다. Curves의 조절은 3번 영역과 같이 그래프를 조절하는 방식으로 이루어진다.

Curves는 밝기나 색을 곡선으로 조정하는 도구이다. 일반적으로 사용되는 사진 편집 프로그램의 커브 조정과 거의 같은 개념으로 생각할 수 있으며, 영상의 색감과 명암을 섬세하게 조절할 수 있다.

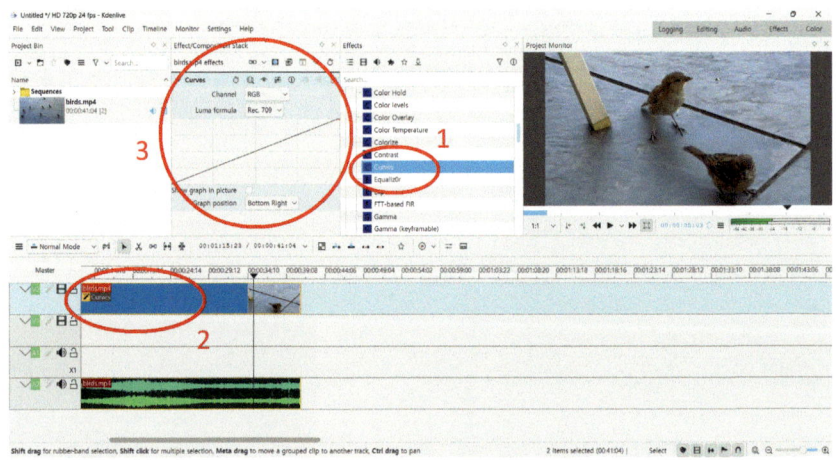

[그림 160] Curves 효과 적용

[그림 160]의 3번 영역의 구성은 다음과 같다. 그래프의 점을 움직여서 어두운 부분을 더 어둡게 만들고, 밝은 부분을 더 밝게 만들 수 있다.

- **그래프의 가로축(X축)**: 영상의 입력 밝기(어두운~밝은 부분)
- **세로축(Y축)**: 출력 밝기(조정된 결과)

[그림 161]에서는 1번 영역의 그래프를 S 자 모양으로 만들었다. 이는 밝은 부분의 명암을 조금 올리고 어두운 부분의 명암은 조금 내리는 작업이다. 2번 영역의 결과를 확인해 보면 밝은 부분(하이라이트)은 살리고 어두운 부분(그림자)는 진하게 하여 입체감이 높아진 느낌을 준다.

[그림 162]에서는 1번 영역의 그래프를 S 자 반대 모양으로 만들었다. 이는 밝은 부분의 명암을 조금 내리고 어두운 부분의 명암은 조금 올리는 작업이다. 2번 영역의 결과를 확인해보면 밝은 부분(하이라이트)은 어두워지고, 어두운 부분(그림자)은 밝아져 전체적으로 부드럽고 흐린 느낌을 준다. 그래프가 직선인 경우에는 아무 변화가 없게 된다.

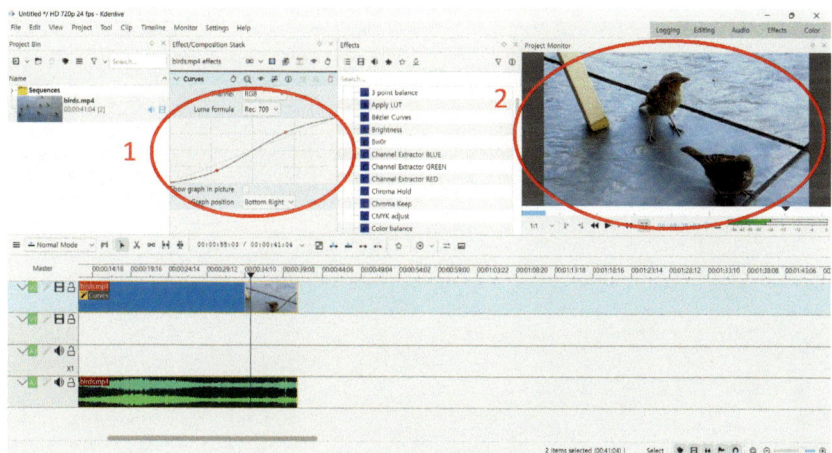

[그림 161] 그래프를 S 자 모양으로 조정

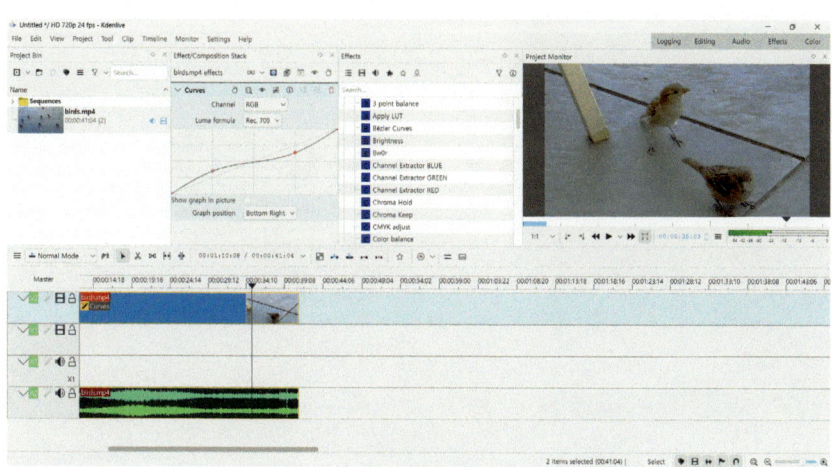

[그림 162] 그래프를 S 자 반대 모양으로 조정

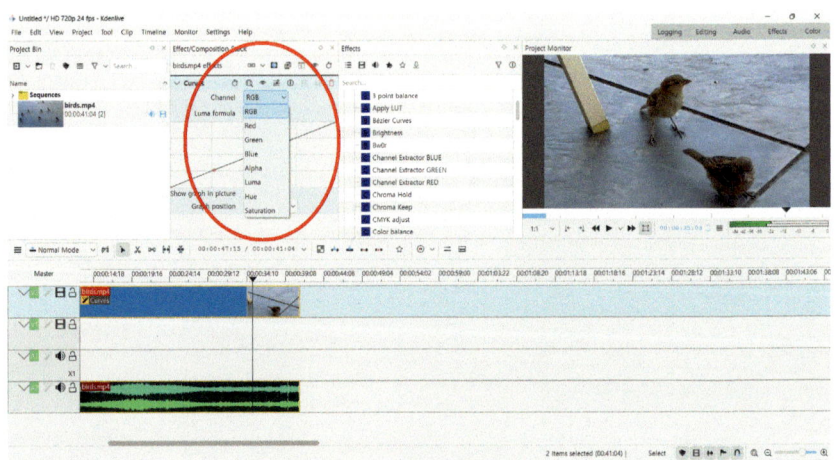

[그림 163] 채널 선택하기

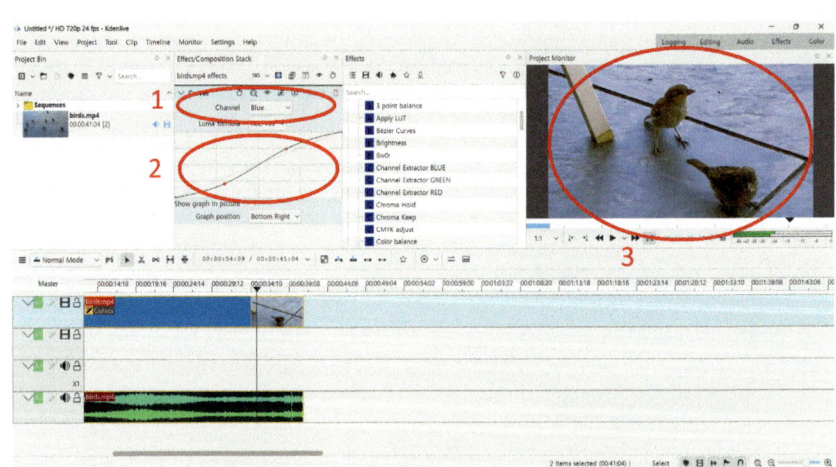

[그림 164] Red 채널에 대하여 명암을 조절

[그림 161]과 [그림 162]에서 조정한 그래프는 영상의 전체 색상에 영향을 미친다. 한편 [그림 163]의 타원 영역을 보면 특정 채널을 선택할 수 있는데, 기본적으로는 RGB가 선택되어 있어서 밝기 조정이 전체 색에 걸쳐 이루어진 다. RGB 이외에도 Red, Green, Blue와 같이 한 색상을 별도로 선택해서 해

당 색상만 조절할 수도 있다. 또한 Alaph(투명도), Luma(휘도), Hue(색상), Sturation(채도)의 영상 요소를 별도로 선택하여 해당 채널 별로 각각 조절이 가능하다.

예를 들어 [그림 164]의 1번 영역에서는 Red 채널을 선택한 후, 2번 영역과 같이 S 자 모양으로 명암을 조정하였다. 그 결과는 3번 영역에서 볼 수 있다. 색상 이외의 각 요소의 조절은 다음과 같은 변화를 준다.

- Alpha(알파): 픽셀의 불투명 정도를 결정한다. 0이면 완전 투명, 1(또는 255)이면 완전 불투명. 영상 합성 시 얼마나 비칠지를 결정한다.
- Luma(루마): 휘도(밝기 성분)으로서 색이 아닌 밝기의 세기를 뜻한다. 흑백 영상처럼 밝고 어두움만 표현하는 요소이다.
- Hue(휴): 색상(색조)으로서 빨강, 파랑, 초록 등 색의 종류를 의미한다. 색상환에서 각도에 따라 구분되는 색의 위치이다.
- Saturation(새추레이션): 채도로서 색의 선명도나 강도를 나타낸다. 채도가 높을수록 색이 진하고 선명하며, 낮을수록 회색에 가까워진다.

예를 들어 위 수치를 조절하여 얼굴의 톤을 조정할 때 다음과 같은 예시로 활용할 수도 있을 것이다.

- Luma를 올리면 얼굴이 더 밝아진다.
- Hue를 바꾸면 피부색이 달라진다.
- Saturation을 낮추면 색이 바랜다.
- Alpha를 낮추면 배경이 비치게 된다.

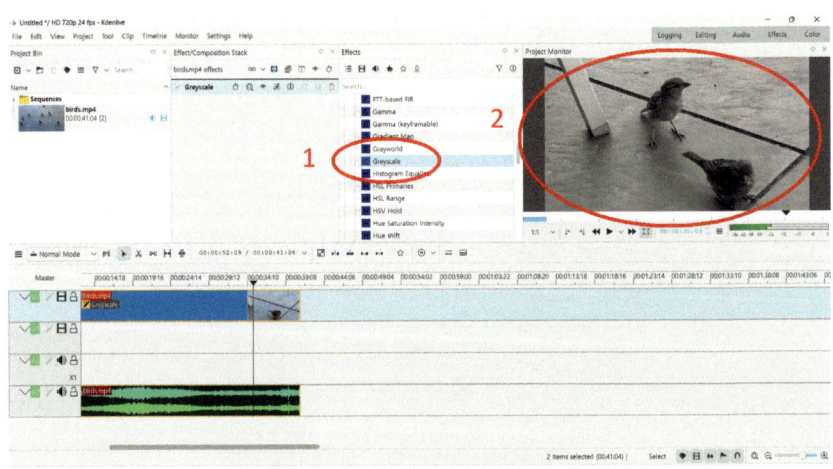

[그림 165] Greyscale 효과

Greyscale 효과(흑백 영상으로 변환)

Greyscale 효과는 컬러 영상을 흑백 영상으로 변환하는 매우 간단한 기능이다. 일반적으로 컬러 영상을 사용하지만 특별한 분위기를 위하여 흑백 영상이 필요한 경우도 있을 것이다. 앞 절에서 사용한 효과는 휴지통 아이콘을 눌러서 삭제한다. [그림 165]의 1번 영역의 Color and Image Correction 아래의 효과 중 Greysacle을 마우스로 끌어서 비디오 트랙에 붙인다. 2번 영역을 확인해 보면 영상이 흑백 색상으로 변경된 것을 확인할 수 있다.

Film Grain 효과(필름 입자 효과)

Film Grain 효과는 영상에 영화 필름과 같은 효과를 주는 기능이다. grain이라는 단어는 입자나 알갱이를 의미한다. 영화 필름의 입자로 인하여 영화를 볼 때 작은 알갱이의 느낌을 보는 경우도 있고, 옛날 영사기의 깜빡임과 같은 느낌의 영상을 볼 때도 있다. 동영상에 이런 영화 필름의 느낌을 적용해 보자. 앞 절에서 사용한 효과는 휴지통 모양의 아이콘을 눌러서 삭제한다.

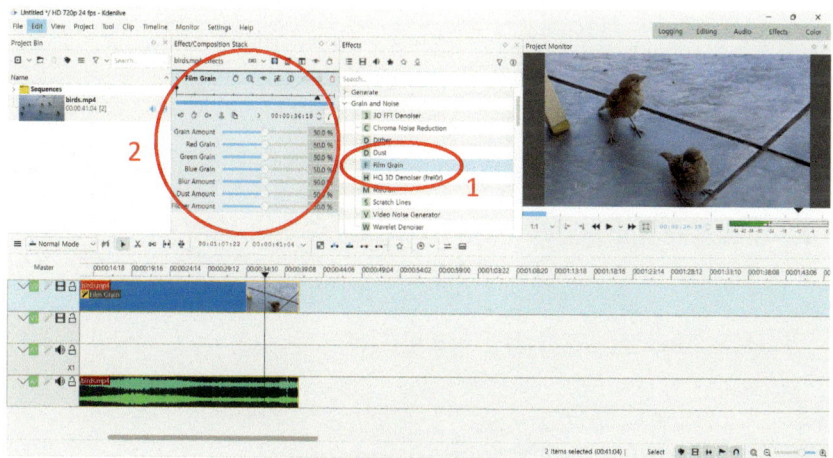

[그림 166] Film Grain 효과

[그림 166]의 1번 영역과 같이 Grain and Noise 아래 기능 중 Film Grain 효과를 마우스로 끌어서 타임라인의 비디오 클립에 붙인다. 2번 영역과 같이 7개의 요소를 조절하여 필름 그레인 효과를 조절할 수 있다. 각각은 다음과 같은 기능을 담당한다.

- **Grain Amount:** 입자(필름 그레인)를 의미하며, 화면 전체에 입자가 얼마나 두드러질지를 결정한다. 값이 높을수록 눈에 띄고 거칠어진다. 25~40% 정도면 자연스럽고, 너무 높이면 ISO 노이즈처럼 거칠어진다.
- **Red Grain:** 빨간 채널 입자 강도이며, 필름의 R 채널에만 노이즈를 적용한다. 따뜻하고 붉은 톤 질감을 강조할 때 사용한다. 붉은 피부톤 강조 시 약간만(30% 내외) 사용하기도 한다.
- **Green Grain:** 초록 채널 입자 강도이며, 눈에 가장 민감한 G 채널 노이즈를 주어 입체감과 선명도를 크게 좌우한다. 일반적으로 가장 높게 설정 (35~45%)하기도 한다.

- **Blue Grain**: 파란 채널 입자 강도이며, 차가운 색감 영역(그림자, 하늘 등)의 질감을 담당한다. 너무 높으면 차갑고 거칠게 보이므로 20~30% 정도를 사용하기도 한다.
- **Blur Amount**: 입자 블러(번짐) 정도를 표현하며, 그레인 패턴을 약간 흐리게 만들어 디지털 노이즈 느낌 대신 필름 입자 질감으로 보이게 할 수 있다. 10~30% 정도면 부드럽고 자연스럽게 표현되기도 한다.
- **Dust Amount**: 먼지 입자 강도이며, 오래된 필름에 생기는 먼지나 스크래치 효과를 준다. 복고풍 연출 시 30~60%, 일반 시네마 톤에서는 0~10% 정도를 적용해 볼 수 있다.
- **Flicker Amount**: 밝기 깜빡임의 강도를 조절하며, 옛 필름의 조명 불안정, 노출 흔들림 등을 흉내낸다. 영화 느낌을 줄 때 약하게 (10~30% 정도) 사용할 수 있으며, 너무 높으면 불안정해 보일 수도 있다.

위 요소의 각 특징을 이용하여 다음과 같은 설정을 예시로 시도해 볼 수도 있다.

- Grain Amount = 30% (은은한 필름 질감)
- Red Grain = 25% (약간 따뜻한 느낌)
- Green Grain = 35% (중심 채널 강조)
- Blue Grain = 25% (부드러운 그림자)
- Blur Amount = 20% (디지털 노이즈 제거, 필름스러움)
- Dust Amount = 10% (거의 안 보이게, 질감 유지)
- Flicker Amount = 20% (살짝 살아 있는 필름 느낌)

위 요소들에 대한 적용 결과는 생략하니 독자 여러분이 직접 테스트해보기를 권한다. 지면의 작은 이미지에서는 그레인의 변화 확인이 어렵고, 특히 깜빡이는 플리커(Flicker) 효과 등은 지면으로 표현할 수가 없기 때문이다.

오디오 믹서

오디오는 동영상이나 영화를 만들 때 배경음악이나 각종 효과음을 위해 사용된다. 한편 배경음악과 같은 사운드를 메인 동영상의 사운드에 비해 더 크거나 작게 만들어야 하는 경우도 발생한다. 이 경우 4장에서 소개한 오디오 볼륨 관련 효과를 사용하여 조절할 수도 있지만 Kdenlive의 오디오 믹서를 사용하면 실시간으로 테스트해 보면서 보다 편리하게 오디오의 크기를 조절할 수가 있다. 오디오 믹서 사용을 위하여 [그림 167]에서는 1번 영역으로 musicfile.mp3 파일을 불러오고, 다시 이 파일을 끌어서 타임라인의 2번 영역의 오디오 트랙에 위치시켰다.

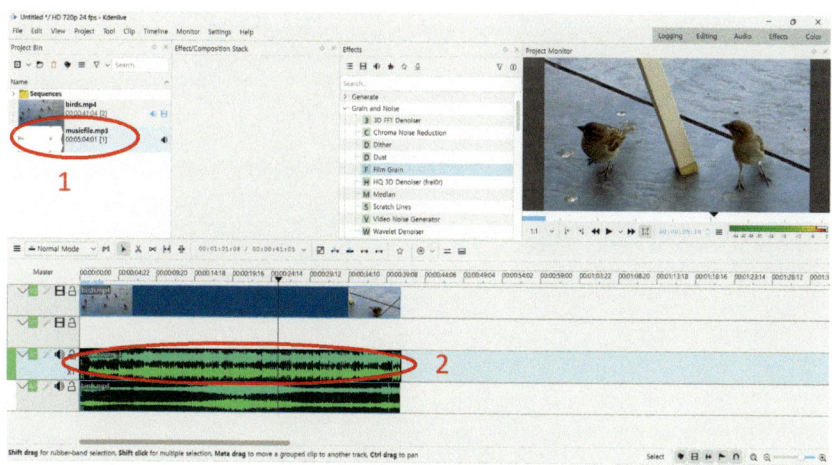

[그림 167] 배경음악 클립 추가

[그림 168]의 1번 영역과 같이 View 메뉴 하단의 Audio Mixer를 선택하면 2번 영역과 같이 A1 트랙 오디오와 A2 트랙 오디오 두 개의 음량을 믹싱할 수 있는 창이 나타난다. 이 창에서 각 오디오 트랙의 슬라이드 버튼을 이동시켜서 각 트랙의 음량을 적절히 조절하면 동영상의 오디오의 완성도를 높일 수 있을 것이다.

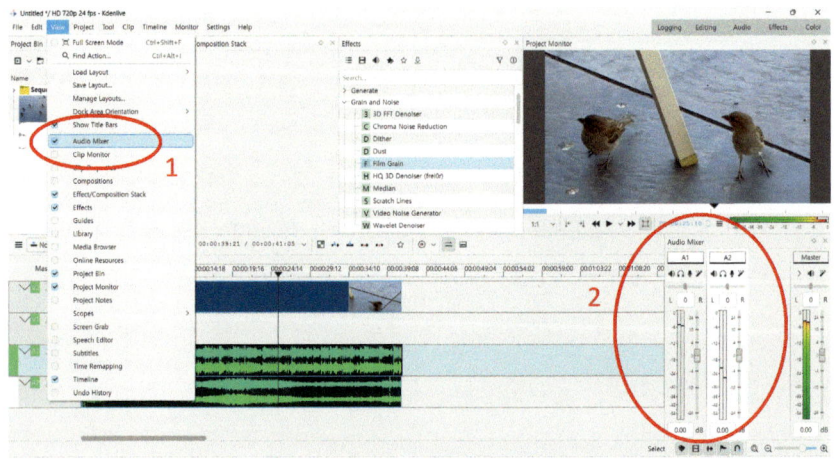

[그림 168] 오디오 믹서 열기

무료 SW로 끝내는 영상편집과 자동 자막생성

1판 1쇄 인쇄   2025년 11월 17일
1판 1쇄 발행   2025년 11월 25일
저   자 유채곤
발 행 인 이범만
발 행 처 **21세기사** (제395-4060002510020040000015호)
경기도 파주시 산남로 72-16(10882)
Tel. 031-942-7861   Fax. 031-942-7864
E-mail : 21cbook@naver.com
Home-page : www.21cbook.co.kr
ISBN 979-11-6833-190-7

정가 20,000원

이 책의 일부 혹은 전체 내용을 무단 복사, 복제, 전재하는 것은 저작권법에 저촉됩니다.
저작권법 제136조(권리의침해죄)1항에 따라 침해한 자는 5년 이하의 징역 또는 5천만 원 이하의 벌금에 처하거나 이를 병과(倂科)할 수 있습니다. 파본이나 잘못된 책은 교환해 드립니다.